EL MEJOR MOMENTO ES AHORA

JACK KORNFIELD

EL MEJOR MOMENTO
ES AHORA

**Encuentra la libertad, el amor y la alegría
en el momento presente**

URANO

Argentina – Chile – Colombia – España
Estados Unidos – México – Perú – Uruguay – Venezuela

Título original: *No Time Like the Present*
Editor original: Atria Books – An Imprint of Simon & Schuster, Inc.
Traducción: Camila Batlles Vinn

1.ª edición Febrero 2018

Nota: los nombres y rasgos personales atribuidos a determinados individuos han sido cambiados. En algunos casos los rasgos de los individuos citados son una combinación de características de diveras personas.

ISBN: 978-84-7953-997-9
E-ISBN: 978-84-16990-67-2
Depósito legal: B-23.626-2017

Fotocomposición: Ediciones Urano, S.A.U.

Impreso por: Rodesa, S.A. – Polígono Industrial San Miguel – Parcelas E7-E8
    31132 Villatuerta (Navarra)

Impreso en España – *Printed in Spain*

Para mi hermano gemelo, Irv, aventurero, amante de la vida,
un espíritu indómito

Un pájaro no canta porque tiene una respuesta,
canta porque tiene una canción.

Índice

Segunda Parte

Tercera Parte

Invitación a la libertad

Queridos amigos, después de más de cuarenta años enseñando mindfulness y compasión a miles de personas en el sendero espiritual, el mensaje más importante que puedo ofreceros es este: *No tenéis que esperar para ser libres. No tenéis que postergar ser felices.*

A menudo, las maravillosas prácticas espirituales de mindfulness y compasión se entremezclan con una visión de autodisciplina y deber. Las concebimos como si nos llevaran por un largo camino de obstáculos que conduce a lejanos beneficios. Sí, el corazón tiene que trabajar duro, y hay ciclos complicados en nuestras vidas. Pero, al margen de dónde te encuentres en tu viaje, hay otra maravillosa verdad llamada «vivir el fruto» o «empezar por el resultado». ¡Los frutos del bienestar y la experiencia de la alegría, la libertad y el amor están ahora a vuestro alcance, sean cuales sean vuestras circunstancias!

Cuando Nelson Mandela abandonó la prisión de Robben Island, después de pasar veintisiete años encarcelado, lo hizo con tal dignidad, magnanimidad y disposición de perdonar que su espíritu transformó a Sudáfrica e inspiró al mundo. Al igual que Mandela, vosotros podéis ser libres y dignos allá donde estéis. Por difíciles que sean vuestras circunstancias, por inestables que sean los tiempos, recordad que la libertad no está reservada a personas excepcionales. Nadie puede encarcelar vuestro espíritu.

Cuando vuestro jefe os llama y sentís temor o ansiedad, cuando alguien de vuestra familia atraviesa circunstancias problemáticas o está bajo grave estrés, cuando os sentís abrumados por los acuciantes problemas del mundo, tenéis dos opciones. Podéis sentiros atados de pies y manos e impotentes, o podéis utilizar esta dificultad para abriros y descubrir cómo responder de forma sensata en este viaje que habéis emprendido. A veces la vida nos proporciona tranquilidad, a veces nos presenta desafíos, y a veces es profundamente dolorosa. A veces, toda la sociedad que nos rodea vive en constante agitación. Sean cuales sean vuestras circunstancias, podéis respirar hondo, suavizar la mirada y recordar que el coraje y la libertad están en vuestro interior, esperando a que despertéis y los ofrezcáis a los demás. Incluso en las condiciones más duras, la libertad de espíritu está a vuestro alcance. La libertad de espíritu es misteriosa, magnífica y simple. Somos libres y podemos amar esta vida, al margen de todo lo demás

En el fondo, sabemos que esto es verdad. Lo sabemos cada vez que sentimos que somos parte de algo más grande: cuando escuchamos música, hacemos el amor, caminamos por la montaña o nadamos en el mar, acompañamos a un ser querido en la hora de su muerte, asistiendo al misterio cuando su espíritu abandona su cuerpo de forma tan silenciosa como una estrella fugaz o presenciamos el milagroso nacimiento de un niño. En estos momentos experimentamos en nuestro cuerpo la alegría de abrirnos, y nuestro corazón está envuelto en paz.

La libertad empieza donde estamos. Sara, una madre soltera con dos hijos, se enteró de que su hija Alicia de ocho años padecía leucemia. Se sentía aterrorizada, deprimida, desesperada debido a la enfermedad de su hija, a quien temía perder. Durante el primer año, Alicia soportó largas sesiones de quimioterapia, estancias en el hospital y visitas médicas. Una angustiosa tristeza llenaba su casa, y la ansiedad formaba parte del día a día de Sara. Una tarde, mientras daban un paseo, Alicia dijo: «Mamá, no sé cuánto tiempo viviré, pero quiero que sean unos días felices».

Sus palabras fueron un jarro de agua fría sobre el rostro de su madre. Sara comprendió que tenía que abandonar su angustioso melodrama y mostrar una libertad de ánimo análoga a la de su hija, recuperar un espíritu esperanzado. Tomó a su hija en brazos y ejecutó un pequeño vals, abrazándola con fuerza. Su temor se disipó. Y al cabo de un tiempo, Alicia se curó. Ahora tiene veintidós años y acaba de graduarse de la universidad.

Pero, aunque Alicia no se hubiera curado, ¿qué clase de días creéis que habría elegido? No puedes hacer nada con tu vida si te sientes deprimido. Debes procurar ser feliz.

Cuando yo tenía ocho años, un día de invierno en que soplaba un viento helado, mis hermanos y yo nos pusimos chaquetas, bufandas y guantes y salimos a jugar con la nieve. Yo estaba muy flaco y tiritaba de frío. Mi hermano gemelo, Irv, más fuerte, más vivaracho y más robusto, me miró, encogido y temblando, y se echó a reír. A continuación empezó a quitarse prendas, empezando por los guantes, la chaqueta, luego el jersey, la camisa y la camiseta, sin dejar de reírse. Se puso a bailar y a pasearse medio desnudo en la nieve, mientras un viento gélido soplaba a nuestro alrededor. Nosotros le observamos con ojos como platos, riendo a mandíbula batiente.

En ese momento, mi hermano me enseñó que hay que elegir la libertad, manifestando un espíritu que aún recuerdo. Tanto si nos hallamos atrapados en una tormenta de nieve como si sentimos el viento gélido de una pérdida, un sentimiento de culpa o nuestra inseguridad colectiva, deseamos ser libres. Deseamos liberarnos del temor y las preocupaciones, no estar sujetos a prejuicios. Podemos lograrlo. Podemos aprender a confiar, amar, expresarnos y ser felices.

A medida que descubrimos la confianza y la libertad en nosotros mismos, descubriremos la forma de compartirlas con el mundo. Barbara Wiedner, que fundó Abuelas por la Paz, explica: «Empecé a cuestionarme qué tipo de mundo iba a dejar a mis nietos. De modo que dibujé un letrero que decía "Una abuela por la paz" y me planté en la esquina de la calle. Luego me uní a otras personas arrodilladas formando una barrera humana en una fábrica de municiones. Me llevaron a la cárcel, me obligaron a desnudarme para registrarme y me encerraron en una celda. En esos momentos me sucedió algo. Comprendí que no podían hacer nada más. ¡Yo era libre!» Ahora Barbara y su organización, Abuelas por la Paz, trabajan en docenas de países en todo el mundo.

Tú puedes gozar también de esa libertad. Cada capítulo de este libro es una experiencia que te invita a gozar de una determinada dimensión de libertad; empezamos por la esfera personal, con la libertad de espíritu, la libertad de empezar de cero, la libertad más allá del temor, la libertad de ser uno mismo, y luego descubrimos la libertad de amar, la libertad de defender lo que es importante para nosotros, la libertad de ser felices. Hay historias, reflexiones, enseñanzas y prácticas que ilustran la forma en que nos quedamos atascados y cómo podemos liberarnos. Este no es un libro que lees para sentirte mejor durante un rato y luego dejas en la estantería. Buscar la libertad constituye un proceso activo en el que participa tu intelecto, tu corazón y todo tu espíritu. Los medios y el objetivo son una sola cosa: ser tú mismo, soñar, confiar, tener coraje y actuar.

Tú puedes elegir tu espíritu. La libertad, el amor y la alegría son tuyos, están en tu vida, en tus circunstancias personales. Son tu patrimonio.

Jack Kornfield
Centro de meditación de Spirit Rock
Primavera de 2017

Primera Parte

Libertad de espíritu

*¿Qué piensas hacer con esta vida disparatada
y maravillosa?*

Mary Oliver

1
Nuestro hogar es la inmensidad

A veces me compadezco de mí mismo,
cuando un fuerte viento me arrastra por el cielo.

REFRÁN OJIBWA

Una estrella luminosa nos transporta, y compartimos la danza de la vida con siete mil millones de seres como nosotros. Nuestro hogar es la inmensidad. Cuando reconocemos la extensión de nuestro universo, en torno a nosotros y en nuestro interior, se abre la puerta de la libertad. Los problemas y los conflictos adquieren perspectiva, nos sentimos cómodos con nuestras emociones y actuamos entre los problemas del mundo con paz y dignidad.

La danza de la vida

Whitney estaba atrapada en problemas propios de la mediana edad. Su madre iba a ser operada de la cadera y su padre padecía los primeros síntomas de la enfermedad de Alzheimer. Ella quería que sus padres siguieran residiendo en su casa de Illinois, pero debido a sus discapacidades era complicado que vivieran solos. El hermano de Whitney, que vivía en St. Louis, no se ocupaba de ellos y quería que su hermana «resolviera el problema». De modo que Whitney se tomó un mes de excedencia del trabajo y se instaló en casa de sus padres para ayudarlos. Cuando llegó, la casa estaba hecha un desastre. Su madre aún no se había recuperado de la intervención quirúrgica y su padre no podía cuidar de sí mismo. No podían permitirse contratar a cuidadores que los atendieran las veinticuatro horas del día, y estaba claro que tenían que mudarse.

Whitney fue a dar un paseo por una colina que conocía desde niña. No quería perder el hogar familiar, quería que sus padres siguieran viviendo allí hasta que murieran, y no quería perderlos a ellos. Mientras caminaba se echó a llorar, pero cuando alcanzó la cima de la colina se sentó, procuró serenarse y contempló los inmensos prados del Medio Oeste que se extendían hasta el horizonte. El cielo estaba cubierto de cúmulos que arrojaban sombra sobre las numerosas casitas agrupadas en las afueras de la población.

Frente a esta infinita inmensidad, Whitney se sintió menos sola. Presentía que todo tiene su propio ritmo: que todo aparece y desaparece, florece y lucha por abrirse camino, nace y se desvanece. *¿Cuántas personas* —pensó— *se hallan en la misma complicada situación en que nos encontramos nosotros?* Cuando empezó a respirar con más tranquilidad, su mente se expandió. *Yo no soy la única persona que tiene unos padres de edad avanzada. Forma parte del periplo humano.* Y a medida que el espacio en su interior se abrió, Whitney sintió que su confianza aumentaba.

Todos podemos ver las cosas de este modo. Podemos adquirir una perspectiva más amplia. Con un corazón más espacioso, podemos recordar el esquema general. Incluso cuando enfermamos, cuando nuestros padres mueren o sufrimos una grave pérdida, debemos reconocer que ello forma parte de las estaciones de la vida.

¿Cómo nos iría si fuéramos capaces de amar todo lo que la vida nos presenta, si nuestro amor fuera más grande que nuestros contratiempos? Entre la multitud de humanos, muchos experimentan pérdidas y cambios. Muchos necesitan renovarse. Pero el mundo sigue girando, los agricultores siguen cultivando alimentos, en los mercados se siguen vendiendo los productos, los músicos siguen tocando. Vivimos en medio de una gigantesca paradoja que cambia sin cesar. Respira. Relájate. Vive la vida día a día.

«La que sabe»

Cuando tu corazón espacioso se abre, puedes redescubrir la vasta perspectiva que casi habías olvidado. El corazón espacioso revela la mente espaciosa. Esta es la mente que, después de que te has golpeado el dedo del pie y has brincado y aullado durante unos momentos, acaba riéndose. La mente que, cuando te enfadas con tu pareja, se duerme, se despierta y comprende que lo que parecía un problema serio ha adquirido la debida perspectiva.

Tu mente espaciosa es la conciencia natural que sabe y se acomoda a todo. Mi maestro de meditación en los bosques de Tailandia, Ajahn Chah, la denominaba «la que sabe». Decía que es la naturaleza original de la mente, la testigo silenciosa, la conciencia espaciosa. Sus instrucciones eran bien simples: sé testigo de todo, la persona con perspectiva, «la que sabe».

Presta atención a la película que se desarrolla en tu vida en estos momentos. Observa el argumento. Puede ser una aventura, una tragedia, una historia de amor, un culebrón o una batalla. «El mundo es un escenario», escribió Shakespeare. A veces estás atrapado en la trama. Pero recuerda que también eres el público. Respira. Mira a tu alrededor. Sé testigo de todo, la conciencia espaciosa, «la que sabe».

Acompañé a una mujer que padecía cáncer de páncreas en sus últimas horas de vida. Tenía sólo treinta y un años. Nos miramos a los ojos y las capas cayeron una tras otra: su exhausto cuerpo, su sexo, sus logros poéticos, su familia y sus amigos. Yo tuve el honor de ser testigo de su espíritu.

«¿Cómo te sientes?», le pregunté con gran delicadeza.

«Parece que esta encarnación terminará pronto. Lo comprendo. Es natural que nos muramos.»

Y lo que traslucían sus ojos sabios y profundos era la inmensidad, ternura y una libertad intemporal.

Descansa en la conciencia espaciosa y siente la presencia del amor. «La que sabe» se convierte en la testigo benevolente de todas las cosas. Tú te conviertes en la conciencia benevolente. La libertad de la conciencia benevolente está a tu alcance; tan sólo debes practicar para recordarla y confiar en que siempre está presente. Cuando te sientas perdido, atrapado en una minúscula parte del esquema general, menoscabado o bloqueado, respira y visualízate dando un paso atrás. Con una mente espaciosa puedes ser testigo incluso de estos bloqueos y percibirlos con benevolencia.

Relájate. Con conciencia benevolente puedes observar tus sentimientos, tus pensamientos, tus circunstancias. En este momento. Mientras lees este libro, observa a la persona que lee y sonríele con conciencia benevolente. Empieza cada mañana con conciencia benevolente. Conecta con el espacio a tu alrededor, el espacio fuera, el gigantesco paisaje que se extiende a través del continente. Siente la inmensidad del cielo y el espacio que contiene la luna, los planetas y las galaxias.

Deja que tu mente y tu corazón *se conviertan* en ese espacio. Respira dentro de tu corazón. Observa las nubes que flotan en el cielo inabarcable y conviértete en el cielo. Las nubes no están sólo fuera, sino también dentro de ti. Siente el paisaje, los árboles, las montañas y los edificios que aparecen en tu corazón. Ábrete, fúndete con el espacio con amor. Relájate y descansa en la inmensidad que te rodea, la inmensidad que eres tú. Siente lo inmensa que puede ser la conciencia benevolente.

Sé testigo, como «la que sabe», de todo, deja que la conciencia benevolente lo acoja todo: el aburrimiento y la emoción, el temor y la confianza, el placer y el dolor, el nacimiento y la muerte.

Silencio sagrado

Cuando entras en una sombreada arboleda de gigantescas secuoyas o en una grandiosa catedral, cae sobre ti un silencio sagrado. En tu interior se abre un espacio inmenso, experimentas un profundo silencio en tu ser. Al principio quizá sientas cierto nerviosismo, y al mismo tiempo ansías esta sensación. Es el inmenso silencio que rodea la vida. Confía en él y descansa en el silencio. Siente cómo tu corazón se abre y está más pleno de vida. Todo lo que brota de este silencio no es sino una nube en el cielo infinito, una ola en el océano. Descansa en lo más profundo del silencio.

La naturaleza de la conciencia es la inmensidad. Si la observas directamente, descubres que la mente es transparente, inmensa, que no tiene límites, que tu corazón es tan ancho como el mundo. Cuando te abres a esta inmensidad, dejas que las olas de la vida aparezcan y pasen. En silencio, verás cómo el misterio genera vida, pensamientos, sentimientos y sensaciones. Las olas del mundo se alzan y descienden, se expanden y contraen, el corazón late, el líquido cefalorraquídeo pulsa. Se producen cambios en los ritmos de las fases lunares, las estaciones y los ciclos del cuerpo de una mujer, en las galaxias que giran, y también en la Bolsa.

Empieza a notar los cambios que se producen entre las olas, los intervalos en la respiración, entre los pensamientos. Al principio te parecerán efímeros, pero poco a poco aprenderás a descansar en estas pausas. A medida que las olas ascienden y descienden, tú mismo te *conviertes* en la conciencia silenciosa y benevolente. Este silencio no es ensimismamiento, indiferencia o castigo. No es la ausencia de pensamientos. Es inmenso y refrescante, un delicado silencio del que puedes aprender, donde puedes escuchar y mirar en lo más profundo de él.

Conciencia benevolente

Observa cómo la conciencia benevolente llena el tiempo y el espacio. Es el misterio que es testigo de sí mismo. Con conciencia benevolente, el río de pensamientos e imágenes fluye sin emitir juicio alguno. Con conciencia benevolente, experimentas el flujo de sentimientos sin experimentar temor, sin caer bajo su influjo y sin aferrarte demasiado a ellos. Gozo y ansiedad, ira, ternura, anhelo, incluso tristeza y lágrimas, todo lo acoges con benevolencia. La conciencia benevolente genera una felicidad plena, invitando a que el bienestar aumente.

Cuando descansas con conciencia benevolente, la confianza crece. Confías en que el universo sigue girando, y en que tu conciencia benevolente lo abarca todo. Recuerdo que cuando aprendí a nadar en la piscina de la universidad era un niño de siete años, flaco, que tiritaba de frío. Agitaba las manos y las piernas en el agua, aterrorizado. De repente, el instructor, que me sostenía mientras yo yacía boca arriba, retiró la mano y me di cuenta de que podía flotar. Así aprendí a nadar. Tú también puedes aprender a confiar en la conciencia benevolente. Siempre te sostendrá.

A modo de experimento, trata de *no* ser consciente de lo que te ocurre. Tómate ahora mismo treinta segundos y trata de no percibir ninguna sensación, pensamiento o sentimiento. Inténtalo con todas tus fuerzas. Aunque cierres los ojos y te pongas unos tapones en los oídos, no lo conseguirás. No puedes bloquear la conciencia. Siempre está presente.

Como el pez que no puede ver el agua, tú no puedes ver la conciencia directamente. Pero puedes experimentarla y confiar en ella.

La conciencia benevolente es amplia, abierta, transparente, silenciosa, inmensa, y responde como un espejo. Siempre puedes regresar a
ella. Es intemporal, está despierta y todo lo aprecia. La conciencia
benevolente ve sin ser posesiva. Permite, honra, conecta y baila con la
vida aceptándola como es. Aprecia pero no se aferra a las experiencias
ni a las cosas. El autor Steven Wright revela: «Tengo la colección de
conchas marinas más grande del mundo. La tengo en todas las playas
del mundo. Quizá la hayas visto».

Huir de las hienas

Benjamin, de sesenta y cuatro años, perdió más de la mitad del dinero
que había ahorrado para su jubilación en la crisis económica de 2008.
Sabía que su esposa y él tenían más dinero que otras personas que no
habían podido pagar sus hipotecas y habían perdido sus hogares, pero la
preocupación casi le sumió en la depresión. Comprobaba los movimientos de la Bolsa diez veces al día. Por las noches soñaba que se ahogaba,
que le perseguían unas hienas, que extraviaba el camino. Su esposa y sus
hijos le dijeron que dejara de obsesionarse, pero era incapaz. Cuando
acudió a su primera clase de meditación le resultó casi imposible sentarse
quieto. La ansiedad generaba en su cuerpo unas sensaciones difíciles de
aceptar, y no sabía qué hacer. ¿Debía sacar el dinero que había invertido
en unas acciones que habían sufrido una gran depreciación? ¿Perdería
más dinero si se retiraba de una empresa inmobiliaria dudosa?

Durante la segunda clase a la que asistió, yo conduje una meditación guiada sobre el espacio, invitando a la conciencia abierta e inmensa a que rodeara el cuerpo y la mente. Los estudiantes prestaron
atención a las campanas tibetanas en la habitación, al sonido del trá-
fico y las voces en el exterior, escuchando como si sus mentes fueran
vastas como el cielo y los sonidos fueran como nubes que había en él.
Esta experiencia aportó a Benjamin una sensación de alivio y compró

un CD de meditación para llevárselo a casa. A partir de entonces, cada vez que los pensamientos agitados le despertaban por las noches, sabía cómo afrontarlos. Utilizando la inmensidad del espacio como mantra, su obsesión empezó a remitir. Adquirió cierta perspectiva. Comprendió que podía salvaguardar lo que quedaba de su dinero e invertirlo de modo más seguro. Su necesidad de imaginar que podía controlar el futuro también remitió. Liberado de sus pensamientos obsesivos, pudo volver a estar presente con su familia.

Todo el mundo puede experimentar cambios como los que experimentó Benjamin. Todos recordamos las veces que nuestra conciencia se expande y está en calma. Escuchamos mejor, vemos las cosas con más claridad, con más perspectiva. Con una conciencia espaciosa, nuestra vida interior se hace también más clara. Las emociones problemáticas se clarifican, su energía se libera. La depresión revela su mensaje sobre el dolor, la ira y las aspiraciones fallidas. Las historias angustiosas, cuando las vemos con claridad, se nos presentan abiertas para liberarnos de ellas con benevolencia. La libertad de una mente y un corazón espaciosos está siempre a nuestro alcance. Vuélvete hacia ella. Ábrete a la inmensidad siempre que puedas. Conviértete en el cielo de la conciencia benevolente.

Descansa en el amor

La inmensidad, la conciencia y el amor se entremezclan. En cierta ocasión oí a Frank Ostaseski, un amigo que fundó el Zen Hospice en San Francisco, relatar la historia de un residente que sufría dolores insoportables, quien le preguntó si la meditación le ayudaría a sobrellevarlos. Padecía cáncer de estómago. Empezaron a meditar centrando su atención benevolente sobre las sensaciones físicas.

Pero cuando el enfermo trató de abrirse a estas sensaciones, eran demasiado intensas, y gritó:

«¡No puedo, me duele, me duele, me duele!»

Frank le dijo que se tranquilizara, que probarían otra cosa. Apoyó su mano suavemente en el estómago del hombre y le preguntó si le aliviaba.

«Eso me duele mucho», respondió.

«Probemos esto», propuso Frank, y colocó las manos junto a los pies del enfermo.

«Eso me alivia un poco», dijo el enfermo.

Entonces Frank colocó las manos aproximadamente a medio metro del cuerpo del hombre, y este dijo:

«Esto me produce un gran alivio.»

Eso no era un método especial de trabajo corporal, una práctica esotérica, sino una forma de abrirse a un espacio mayor. Al cabo de unos minutos, el hombre dijo en voz baja, con el rostro más relajado:

«Descansa en el amor, descansa en el amor.»

A partir de entonces, cada vez que le asaltaba el dolor, apartaba su bomba de morfina y se decía: «Descansa en el amor, descansa en el amor».

Es muy simple. Tanto si se trata de un dolor físico como emocional, todo aquello a lo que concedas mayor espacio puede transformarse. Sea cual sea la situación, amplía el espacio: recuerda la inmensidad, relájate y adquiere perspectiva. La amplitud de espacio es la puerta de acceso a la libertad. Tu corazón espacioso es tu auténtico hogar.

PRÁCTICA

Ábrete a la conciencia espaciosa

Piensa en una época de tu vida en que te sentiste expansivo, abierto y benevolente. Quizá fuera mientras caminabas por la montaña, contemplando el cielo nocturno cuajado de estrellas, o a raíz del nacimiento de un hijo. Recuerda la sensación que te produce la conciencia espaciosa en tu cuerpo. La sensación que te produce en el corazón. Deja que tu mente se calme. Recuerda el silencio que reinaba, lo presente que te sentías.

Cierra los ojos. Siente esa inmensidad aquí y ahora. Relájate y conviértete en el espacio de conciencia benevolente que acoge la luz del sol, los nubarrones, los relámpagos, los elogios y los reproches, las ganancias y las pérdidas, la expansión y la contracción, el mundo que nace una y otra vez, acógelo todo en tu corazón benevolente y sereno.

PRÁCTICA

Una mente como el cielo

Siéntate cómodamente y en calma. Deja que tu cuerpo descanse y respira de forma natural. Cierra los ojos. Respira hondo varias veces y expele el aire con suavidad. Sosiégate.

Ahora deja de centrarte en tu respiración. Escucha los sonidos a tu alrededor. Observa si son fuertes o tenues. Lejanos o cercanos. Escúchalos. Observa cómo todos los sonidos se producen y se disipan, sin dejar rastro. Escúchalos un rato de forma relajada y abierta.

Mientras escuchas, siente o imagina que tu mente no se limita a tu cabeza. Siente que tu mente se expande para ser como el cielo: abierta, clara, inmensa como el espacio. No hay un dentro y un fuera. Deja que la percepción de tu mente se extienda en todos los sentidos, como el cielo.

Deja que los sonidos que escuchas se produzcan y desvanezcan en el cielo abierto de tu mente. Relájate en esta inmensidad y escucha. Deja que los sonidos aparezcan y desaparezcan, lejanos y cercanos, como nubes en el vasto cielo de tu conciencia. Los sonidos juegan a través del cielo, apareciendo y desapareciendo sin resistencia.

Luego, mientras descansas en esta conciencia abierta, observa cómo los pensamientos y las imágenes surgen y se desvanecen también. Son como las nubes. Deja que los pensamientos y las imágenes aparezcan y desaparezcan sin lucha y sin resistencia. Pensamientos agradables y desagradables, imágenes, palabras y sentimientos que se mueven con libertad en el espacio de la mente. Problemas, posibilidades, alegrías y tristezas surgen y se desvanecen en el cielo abierto e infinito de la mente.

Al cabo de un rato, deja que la conciencia espaciosa se centre en el cuerpo. Observa que el cuerpo no es sólido. Las sensaciones de la respiración y el cuerpo flotan y cambian en este cielo abierto de la conciencia. Puedes sentir el cuerpo como áreas flotantes de dureza y suavidad, presión y cosquilleo, sensaciones cálidas y frías, que aparecen en el espacio de la percepción de la mente. Observa, también, la forma en que la respiración respira, moviéndose como la brisa.

Deja que todas las experiencias sean como nubes. La respiración se mueve de forma natural. Las sensaciones flotan y cambian. Deja que los pensamientos y las imágenes, los sentimientos y los sonidos aparezcan y desaparezcan, flotando en el espacio abierto y transparente de la conciencia.

Por último, presta atención a la conciencia. Observa cómo el espacio abierto de la conciencia es naturalmente claro, transparente, intemporal, libre de conflicto; deja que las cosas existan, pero sin dejarte constreñir por ellas. Recuerda el cielo abierto y puro de tu auténtica naturaleza. Regresa a ella. Confía en ella. Es tu hogar.

2

Libre para amar

*¿De qué sirve una mente lúcida si no está unida
a un corazón delicado?*

Todos deseamos amar y ser amados. El amor es el orden natural, la atracción principal, lo que mueve naciones, las abejas en primavera, el toque de ternura, la primera y la última palabra. Es como la gravedad, una fuerza misteriosa que lo vincula todo, el recuerdo del corazón de haber estado en el útero y la unicidad antes del Big Bang. La inmensidad del cielo es igual a la inmensidad del corazón.

La neurociencia nos muestra que el amor es una necesidad; su ausencia no sólo perjudica a los individuos, sino a la sociedad en su conjunto. Nuestro cerebro necesita establecer lazos afectivos y amar. Una íntima conexión emocional cambia los patrones neuronales, incidiendo en nuestro sentido del yo y favoreciendo la empatía. «En algunos aspectos importantes, las personas no pueden ser estables si están solas», escribe el médico Thomas Lewis en *Una teoría general del amor.*

La amada

Toda la obra de Dante, el gran poeta del siglo XIV, autor de *La divina comedia*, estuvo inspirada por un momento de amor, un amor que sigue vivo. Tal como lo describe Robert Johnson, el analista junguiano, comenzó cuando el joven Dante se hallaba junto al Ponte Vecchio, un hermoso puente medieval que atraviesa el Arno en Florencia. Era poco antes de 1300, y Dante vio a una joven llamada Beatriz en el puente. Su imagen generó en él una visión que contenía toda la eternidad. Dante sólo habló con ella unas cuantas veces, y poco después de que él tuviera esa revelación Beatriz murió a causa de la peste. Su pérdida afectó profundamente a Dante, pero su obra estuvo inspirada por Beatriz. Ella se convirtió en su musa, su ánima, el puente entre su alma y el cielo.

Seiscientos cincuenta años más tarde, durante la Segunda Guerra Mundial, los norteamericanos perseguían al ejército alemán por la península italiana mientras los alemanes, que se batían en retirada, dinamitaban todo cuanto hallaban en su camino, incluidos puentes, para frenar el avance de los norteamericanos. Pero nadie quería volar el Ponte Vecchio, porque Beatriz se había detenido en él y Dante había escrito sobre ella. Así pues, los comandantes del ejército alemán se pusieron en contacto por radio con los norteamericanos y les informaron sin rodeos de que dejarían el puente intacto si los norteamericanos se comprometían a no utilizarlo. Estos accedieron, el puente no fue volado y ni un solo soldado ni carro de combate norteamericano lo atravesó. Ambos bandos respetaron el puente en una guerra moderna sin cuartel, porque Beatriz se había detenido en él y el amor había tocado a Dante.

Recuerda cuando estabas enamorado o enamorada, lo que sentiste un día de primavera lleno de azafranes y flores de ciruelo, o una fresca tarde de otoño con el olor de hojas quemándose, o tu corazón rebosante de felicidad cuando te encontraste con tu Beatriz o tu Bernardo en la esquina de la calle. Y si no te has enamorado nunca debido a la opresión o el dolor que te invade, el poeta persa Rumi te aconseja: «Hoy es el día en que debes comenzar».

El amor y la conciencia espaciosa son tu auténtica naturaleza. Se entremezclan. El sabio Nisargadatta lo define en estos términos: «La sabiduría dice que no soy nada. El amor dice lo soy todo». La conciencia conoce cada experiencia, el amor lo conecta todo. Es posible que durante un tiempo estés atrapado en el temor y la separación. Nos sucede a todos. Pero entonces la conciencia benevolente recuerda: «Esto también es digno de amor».

El amor es inclusivo, generoso, práctico. El padre Greg Boyle, autor de *Tattoos on the Heart: The Power of Boundless Compassion*, escribe sobre su trabajo con pandillas de jóvenes delincuentes en una comunidad de inmigrantes en Los Ángeles. También oficia en la iglesia Misionera de Dolores, que en la década de 1980 fue un santuario para inmigrantes indocumentados. Hombres recién llegados de México y Centroamérica dormían cada noche en la iglesia, y mujeres y niños en el convento. Una mañana, alguien había hecho una pintada en la fachada que decía, a modo de insulto: IGLESIA DE LOS ESPALDAS MOJADAS. Disgustado y preocupado, el padre Greg aseguró a los inmigrantes que se hallaban en la iglesia: «Pediré a uno de nuestros amigos que lo limpie más tarde». Era una de las tareas que los expandilleros con los que trabajaba llevarían a cabo.

Pero, para sorpresa del sacerdote, Petra Saldana, una mujer discreta y callada que era miembro de esa iglesia, se levantó y dijo a los feligreses que estaban congregados allí: «¡No debéis limpiarlo! Si hay personas en nuestra comunidad que son depreciadas, odiadas y marginadas porque son espaldas mojadas, nos llamaremos con orgullo la iglesia de los espaldas mojadas».

Solidaridad. Compasión. Amor.

Los muchos rostros del amor

El amor es irrefrenable. Se cuela en nuestras palabras y nuestras acciones de mil formas. A veces es limitado, otras es expansivo, pero el misterio del amor aflora siempre. Tiene mil sabores. Existe un tipo de amor que se expresa como deseo: «Me encanta el helado de chocolate. Me encantaría encontrar una nueva casa». Existe amor en un intercambio, en el amor de un hombre de negocios: «Te amaré si firmas este acuerdo». Existe el amor romántico, el amor que escribe poesías y óperas, que crea canciones e historias de enamoramiento, de amor obsesivo, y el amor como el que inspiró Helena de Troya, que movilizó un millar de buques y originó una guerra.

Existe el amor fraternal. Es el amor que se interesa por los demás, porque forman parte de la familia humana. En muchas culturas aplican títulos familiares a todo el mundo, desde políticos hasta laureados con el Nobel. El abuelo Tutu, la abuela Angela Merkel. En Estados Unidos diríamos la tía Hillary y el tío Barack.

Existe el amor paternal por cada hijo, un cariño inquebrantable, como las historias de madres que levantan coches para liberar a sus hijos atrapados debajo de ellos y padres que entran sin vacilar en un edificio en llamas.

Existe también el amor devoto, y el amor divino, el amor espiritual del éxtasis que alcanza la inmensidad del océano en cuanto te sumerges en él.

Y existe el amor sin motivo aparente, el amor de estar vivo, el amor unido a una alegría invencible, el amor de un corazón abierto y rebosante, libre y natural como la brisa primaveral.

Cuando te abres a cualquier forma de amor, los demás lo perciben. La neurociencia lo define como *resonancia límbica*. Tus neuronas espejo y todo el sistema nervioso están constantemente sintonizados con quienes te rodean. El amor es comunicable. Contagioso. El amor impregna la actividad y lo cambia todo. Cuando preguntaron a Neem

Karoli Baba cómo podemos alcanzar la iluminación, respondió: «Ama a las personas. Ámalas y dales de comer».

El doctor Jerry Flaxtead describe la repugnancia inicial que le produjo un paciente llamado Frank, un «sin techo», un hombre de mal carácter y obeso, que padecía diabetes, que no se lavaba, que tenía las piernas gangrenadas y el cuerpo cubierto de llagas. Cuando no tomaba los medicamentos prescritos para su trastorno mental, se enfurecía e insultaba a todo el que tenía delante. Ingresó repetidas veces en el hospital. Para el doctor Flaxstead, Frank era un paciente difícil de amar.

Un día, Frank llegó al hospital Richmond con insuficiencia cardíaca congestiva. El diagnóstico era muy grave, y el doctor Flaxstead hizo cuanto pudo para salvarle la vida. Al cabo de un rato se presentaron veinte miembros de la iglesia del barrio en cuyo refugio a veces dormía Frank. Portaban flores y comida casera y cantaron himnos dedicados a Frank, creando un coro de afecto y comunión. Cuando el doctor Flaxtead regresó a la habitación que ocupaba Frank después de atender a otro paciente en la planta, lo encontró sonriendo, envuelto en el amor que le habían demostrado sus amigos. El doctor comprendió que nunca había visto realmente a Frank.

Gentileza y angustia

Al margen de dónde nos encontremos, podemos ver el mundo a través de los ojos del amor. Sin amor todo es forzado, cuando no falso. Con amor nos hallamos en presencia de todos los misterios de la vida. Podemos sostener en la mano un dorado melocotón, un guante de béisbol raído, la foto de un niño o una vieja taza desconchada y sentir un amor sin límites. Cuando sostenemos una piedra, sentimos toda la montaña. Cuando contemplamos un pino, su presencia deviene la misma tierra. Cuando el amor está presente en nosotros, el mundo nos devuelve la mirada, radiante y lleno de bendiciones.

Cuando Bill Moyers rodaba *On Our Own Terms*, una serie de la PBS sobre la muerte y morir, le preocupaba que los jóvenes miembros de su equipo no hubieran tenido ningún contacto con la muerte. De modo que pidió a Frank Ostaseski, fundador del Zen Hospice, que se reuniera con ellos y les describiera los estadios de morir y a las personas que participarían en la serie. Para humanizar la situación, Frank les entregó unas fotos en blanco y negro de veinte por veinticinco centímetros, unos primeros planos íntimos de los pacientes que habían pasado por el Zen Hospice a lo largo de los años. Los miembros del equipo meditaron en silencio sobre las fotos, contemplando los ojos y los dulces rostros de esas personas que se enfrentaban a la muerte. Al cabo de cinco minutos, Frank les pidió que pasaran las fotos a la persona que tuvieran a su derecha, pero no pudieron hacerlo. Todos se habían enamorado de la persona cuya foto sostenían en la mano.

El corazón humano anhela amar y ser amado, pero a menudo tememos hacerlo. Nos sentimos heridos, traicionados, abandonados, incomprendidos, despreciados, marginados, y nuestra historia de amor se ha convertido en una historia de fantasmas. Los fantasmas de la pérdida y el dolor nos atormentan, advirtiéndonos que debemos ocultar nuestros sentimientos y protegernos contra otras pérdidas y más rechazo.

El rechazo es una de las experiencias más difíciles de soportar; nos hace revivir nuestro dolor más primario provocado por el abandono, recordándonos la falsa creencia de que tenemos algún defecto, que no somos atractivos ni simpáticos, que nos hace indignos de ser amados. Sea cual sea la forma que adopta nuestro sufrimiento —un trauma familiar, malos tratos o falta de cariño por parte de una familia agobiada por problemas económicos o una fría institución estatal—, tememos amar. Nos cuesta abrirnos al amor, incluso hacia nosotros mismos. Sin embargo, cada uno de nosotros es un ser misterioso, único y maravilloso, digno de amor.

Al igual que el rechazo, el temor a la muerte o a lo desconocido también puede bloquear nuestro amor cuando sentimos miedo. Nos aferramos a un caparazón protector, un pequeño sentido de nuestro yo que desea sentirse seguro, controlar el curso de la vida. Fingimos que no somos vulnerables, pero nos engañamos. Estamos encarnados en un delicado cuerpo vinculado con la comunidad vital. Nuestros sentidos han evolucionado a fin de estar perfectamente sintonizados con el mundo cambiante del placer y el dolor, la dulzura y la amargura, la ganancia y la pérdida. El amor y la libertad nos invitan a volvernos hacia la totalidad de este mundo. Nos ofrecen los dones de un corazón flexible, lo bastante amplio para abrazar la experiencia, vulnerable pero centrado.

«En última instancia, dependes de tu vulnerabilidad», escribe el poeta Rilke. Nacemos con la ayuda de otros y morimos de la misma forma. Durante el tiempo que permanecemos aquí, dependemos de la red de la vida. Comemos los productos que cultivan los agricultores, confiamos en que otros conductores no se salgan del carril por el que circulan, dependemos de la compañía de agua, de los servicios públicos, de los electricistas, de los maestros, de los hospitales y de los bomberos que protegen nuestras vidas. Escucha a la Madre Teresa: «Si no tenemos paz, es porque hemos olvidado que nos pertenecemos unos a otros». Cuando honramos nuestra vulnerabilidad y nuestra dependencia de la comunidad vital, nos abrimos al amor.

Sí, te han herido y te han abandonado. Pero has hallado el medio de sobrevivir a tu pasado traumático y, ahora que la puerta de la prisión está abierta, puedes salir de ella cuando lo desees. ¿Durante cuánto tiempo permanecerá cerrado tu corazón? ¿Durante cuánto tiempo le volverás la espalda al amor? Sea lo que sea lo que bloquea tu amor, en última instancia es irreal. Sigue el consejo de W. H. Auden y aprende a «amar a tu retorcido vecino con tu retorcido corazón». Ten coraje. Dedícate a la política, ocúpate de la comunidad que te rodea, pero recuerda que, a fin de cuentas, lo más importante es tu amor. El amor es tu puerta de acceso a la libertad y tu última palabra.

Responde con amor

Ismael y Bridgit se conocieron en Indonesia y se enamoraron. Ella trabajaba para una organización no gubernamental internacional y él acaba de regresar de Estados Unidos, adonde había ido con una beca Fulbright. Compartían su entrega a la educación de los niños de la aldea. Ismael provenía de una familia adinerada de comerciantes que vivían en Singapur y Bruselas. Su clan estaba formado por musulmanes suníes, instruidos y devotos. Bridgit había sido educada de acuerdo con las costumbres europeas modernas, y los padres de Ismael se horrorizaron cuando vieron por primera vez unas fotos de ella con un vestido corto sin mangas. Los padres de Ismael querían que su hijo se casara con una persona que según ellos le proporcionara felicidad y éxito y favoreciera el futuro de la familia. Como en una obra shakespeariana, sus padres hicieron cuanto pudieron por impedir la relación entre ambos, amenazando con desheredar a su hijo y acusándolo de traicionar a la familia. «Trataron de impedir que nos amáramos —explica Bridgit—. Lo único que nosotros deseábamos era aportar más amor al mundo.»

Una noche en Londres, Bridgit e Ismael se miraron y analizaron el sufrimiento y el temor que les había causado la familia de él. Bebieron té, dieron un paseo bajo las estrellas y se abrazaron. Y comprendieron que no había nada malo en su relación. Por primera vez, comprendieron que no estaban obligados a tener en cuenta las opiniones y los juicios de otros. Todo lo demás —la ignorancia y los temores de la familia— era superfluo. «En nuestro fuero interno sabíamos que estábamos autorizados a amarnos, que teníamos derecho a amarnos.» Examinaron sus corazones y decidieron responder con amor.

Se casaron en una capilla en Escocia, y los padres de Ismael asistieron a la boda. Habían comprendido que su hijo sería siempre su hijo, al margen de las circunstancias. El oficiante leyó un pasaje del Corán sobre el amor y la misericordia, y todos lloraron de emoción. Era un mundo feliz, e Ismael y Bridgit sabían que eran libres para amar. En la actualidad tienen dos hijos preciosos y trabajan para las Naciones Unidas en África.

El brillo en tus ojos

El amor romántico puede hacerse más profundo si permitimos que ello suceda. Al principio es como la veneración de un ídolo. Puede ir acompañado de idealismo, afán de poseer, celos y necesidad. Nuestras canciones y películas y sueños están llenos de un amor romántico idealista, el eros del deseo sexual. «Te deseo, te necesito, cariño mío.» Ves a otra persona que responde a la imagen que te has formado de «el deseado» o «la deseada», tu corazón se acelera y te enamoras, no sólo del aspecto físico, el encanto y las cualidades de esa persona, sino también porque encaja en tu esquema de la persona a la que deseas amar. La otra persona se convierte, como Beatriz para Dante, en el ideal que despierta tu amoroso corazón. Transfieres a la otra persona tus anhelos, de forma que representa y ostenta la belleza, la fuerza, el coraje, la inteligencia y la estabilidad. Tú también posees estas cualidades, pero no siempre lo sabes. Son inconscientes, de forma que tu amado o amada se convierte en portador de tus cualidades doradas, y el hecho de estar con la persona amada contribuye a que te sientas más digno de amor, completo, íntegro.

Ya conoces el resto de la historia. Colocar a la persona amada en un pedestal funciona durante un tiempo, pero poco a poco apartas la vista del resplandor dorado y te fijas en sus pies de barro. Te das cuenta de que esa persona eructa, se enfada, es rencorosa, se encierra en sí misma o depende en exceso de ti, es desordenada o dominante. Es decir, muestra su naturaleza humana. Por supuesto, en ese momento puedes romper con la persona amada que ha caído en desgracia y buscarte otra, pero eso se convertiría en una historia interminable. En lugar de ello, cuando tu amor idealista te decepciona, puedes optar por un amor más libre. Si tú y la otra persona formáis una pareja lo bastante compatible, podéis mantener vuestra relación y dejar que se haga más profunda y os conduzca a un amor más pleno, más auténtico. Esta es una invitación a amar más allá de las expectativas, la dependencia y el apego.

No obstante, el apego, la dependencia y las expectativas seguirán apareciendo junto con el amor, y en ocasiones tu amor se mezclará con la necesidad y el temor. Esto es lo que debes tener en cuenta: cada vez que te aferras a cómo tu pareja (o tus hijos u otra persona) *debería* ser, creas sufrimiento. Tu pareja no quiere que la controles, sino que desea ser amada, vista, aceptada, que la lleves en tu corazón, sentirse honrada, respetada y bendecida por tu amor.

Quizá te preguntes: si nuestro amor no se basa en el apego, ¿qué nos mantiene unidos? El cariño, el compromiso, la entrega. El compromiso no consiste en amar a otra persona sólo cuando esta hace lo que tú quieres, cuando satisface *tus* necesidades o cuando encaja con tu idea de lo que debería ser su vida. Te comprometes a amarla tal como es y dedicarte a que florezca. Esa persona cambiará, crecerá y explorará, y a veces hará lo que tú quieres, y otras no. Esta es la paradoja del amor, que no es posesivo. El amor es generoso, inmenso y libre para bendecir. La mejor forma de amar es renunciar a nuestras expectativas, del mismo modo que la mejor forma de rezar es cuando no esperamos un determinado resultado. Como dice T. S. Eliot: «Enséñanos a que nos importe, y a que no nos importe».

«Haber amado a una persona es como sumar su vida a la tuya», dice Meher Baba. El amor verdadero, ofrecido libremente, te bendice a ti y a la persona que amas. Es el amor ofrecido con el corazón abierto, de modo espontáneo, comprometido en todo momento. Tu compromiso es amar, y tu dedicación es honrar la conexión del corazón.

Encuentro con los dioses

Richard Selzer, autor y cirujano de la Universidad de Yale, cuenta esta historia de amor:

Estoy junto a la cama donde yace una joven en el postoperatorio. Tiene la boca contraída en una mueca cómica debido a la parálisis. Una pequeña parte del nervio facial, que controla los músculos de su boca, ha quedado cercenada. La joven se quedará así el resto de su vida. El cirujano ha seguido con fervor religioso la curva de su piel, te lo prometo. Sin embargo, para extirpar el tumor de su mejilla tuve que cortar el pequeño nervio. Su joven esposo está en la habitación, al otro lado de la cama, y ambos parecen hallarse a solas a la luz de la lámpara, aislados de mí. ¿Quiénes son, me pregunto, ese hombre y esa mujer con la boca torcida que yo he creado, que se miran y se tocan el uno al otro con tal generosidad, con tal avidez?

«¿Mi boca se quedará siempre así?», me pregunta la mujer.

«Sí —respondo—. Debido a que el nervio ha sido cercenado.»

Ella asiente y guarda silencio. Pero el joven sonríe.

«A mí me gusta», dice.

De pronto comprendo quién es él. Lo comprendo y bajo la vista. Uno debe mostrarse humilde cuando se encuentra con los dioses. Sin reparar en mi presencia, el hombre se inclina y besa la boca torcida de su esposa. Estoy tan cerca que observo que tiene que torcer sus labios para adaptarse a los de ella, para demostrarle que el beso que se dan sigue dando resultado. Y recuerdo que en la Grecia antigua los dioses aparecían como mortales, y contengo el aliento, embargado por la emoción.

Sal de las limitaciones que bloquean tu amor. No juzgues. Empieza donde estás. Honra cada forma de tu amor como un gesto hacia la conexión. El amor mezclado con el deseo busca sentirse completo. El amor romántico abre tu corazón para contemplar al otro sin temor y sin juzgar. Con amor, aprende a ver la belleza de la persona que está ante ti e ilumínala con la luz del amor. Luego puedes aprender a proyectar la luz del amor sobre ti, no de forma narcisista y egocéntrica, sino valorándote siempre con respeto y aprecio. Ámate a ti mismo.

Encarnar el amor

Observa tu asombroso y misterioso cuerpo en el espejo. Siente cómo aumenta tu amor por todo tu cuerpo: tu nariz, tus ojos, tu cabello, tus manos, tu vientre, tu trasero, tus pechos, tu postura. Eduardo Galeano escribe:

> *La Iglesia dice que el cuerpo es un pecado.*
> *La ciencia dice que el cuerpo es una máquina.*
> *El mercado dice que el cuerpo es un buen negocio.*
> *El cuerpo dice: «Soy una fiesta».*

Ama el hecho de estar vivo. Ama tu mente creativa, distraída, agotada por el trabajo. Ama tu ansiedad, tu depresión, tus anhelos y tu sabiduría. Ama tu comida, celebra tu supervivencia, abre tus sentidos a la misteriosa comunión de la vida ahí donde estás.

Ama el mundo natural. Como Annie Dillard, que se ha pasado la vida caminando por colinas «en busca del árbol con unas lucecitas encendidas», vivirás momentos en que verás brillar lo sagrado entre las ramas del álamo temblón, arces otoñales o nubes de caprichosa textura, la luz solar del cielo rasgando el velo e iluminando formas cotidianas como una obra maestra de Miguel Ángel. Ama a las criaturas del mundo, la compleja red de lombrices, bacterias, abejas y animales que viven y mueren en un incalculable proceso de recreación en esta estrella enfriada. Empieza por donde quieras. Ama a los perros, los gatos, los delfines, las ardillas, los sinsontes, los lagartos, los elefantes. Ama a los hombres y las mujeres, las tribus, las naciones, las infinitas variedades de personajes humanos y teatrales. Ama la fuente sagrada que nunca se seca. La libertad del amor se basa en la renovación perenne del amor mismo; te garantizo que puede crecer. Es así de simple: toda tu vida es un currículo de amor.

Amor recién horneado

Algunas personas aprenden a amar de forma espontánea cuando nacen sus hijos. Otras, cuando sus hijos tienen problemas. Algunas aprenden a hacerlo cuando se enamoran, cuando cuidan de la persona con la que están. Aunque tu auténtica naturaleza es amor y conciencia, a veces lo olvidas, lo cual es muy humano. Ursula Le Guin nos recuerda: «El amor debe rehacerse todos los días, recién horneado como el pan».

La neurociencia moderna pone de relieve el hecho de que, aunque el amor es innato en nosotros, también es una cualidad que podemos desarrollar. Al igual que la gratitud y el perdón, podemos invitar, alimentar y despertar el amor en nosotros. Puede florecer y expandirse. Puede convertirse en nuestra forma de ser, al margen de las circunstancias. Todas las grandes tradiciones espirituales, rituales sagrados y prácticas contemplativas nos ofrecen diversos medios de abrirnos al amor. La neurociencia nos muestra que las prácticas del amor y la compasión pueden modificar nuestro sistema nervioso e incrementar el acceso a esas facultades.

Las prácticas del amor benevolente y la compasión basadas en la psicología oriental han sido adaptadas y utilizadas en medicina, educación, psicoterapia, solución de conflictos e incluso en los negocios. Los entrenamientos internos de meditación y oración nos permiten sintonizar con el canal del amor. Nos invitan a penetrar en la realidad del amor de forma reiterada hasta que el amor hace que se abra nuestro corazón, penetra en él y nos llena, sin que podamos rechazarlo.

Piensa en quienes eligen el amor en este mundo, y recuerda que siempre puedes despertar el amor que llevas en tu interior y unirte a ellos. Cualquiera de estas prácticas incide en nuestro trato con los demás. Thupten Jinpa, el traductor de su santidad el dalái lama, cuenta la historia de un médico especialista en medicina interna, un hombre de mediana edad, que participó en el programa sobre amor benevolente y compasión que desarrollaban en la Universidad de Stanford. Se sentía desanimado. Había perdido el entusiasmo por su trabajo y se sentía cansado y estresado debido a la velocidad con que debía atender a sus pacientes, obligado por el sistema médico basado en las exigencias de las compañías de seguros. Al cabo de dos meses de asistir a clases de compasión y amor, aseguró que recibía a sus pacientes de otra forma, escuchándolos e interactuando con ellos. Meditar sobre el amor benevolente y la compasión había renovado su sentido de conexión consigo mismo y con los pacientes a los que trataba. Uno de ellos, una mujer mayor, le preguntó: «Parece usted otra persona, doctor, ¿qué le ha ocurrido? ¿Se ha enamorado?»

La bendición del respeto

El amor conlleva la bendición del respeto. En un retiro para hombres, Richard compartió con los otros participantes una anécdota sobre su papel como presentador de un programa de radio que daban los domingos por la tarde en Los Ángeles sobre la música *blues*. Recibió numerosas cartas, algunas escritas por reclusos encarcelados en prisiones del sur de California. Una de las cartas era de un hombre de edad avanzada, Walter Jones, que le pedía que emitiera algunas piezas de las grandes figuras del *blues* de antaño: Blind Lemon Jefferson, Muddy Waters y Big Joe Williams. Richard dedicó buena parte del programa de un domingo a esos iconos de la música *blues*, anunciando que era a petición de un tal Walter Jones, un hombre que al parecer era un entendido en la historia del *blues*. Varias semanas más tarde recibió una carta de Walter desde la prisión, dándole las gracias por el programa y por haber satisfecho su petición, añadiendo: «Es la primera vez que recuerdo haber oído a alguien pronunciar mi nombre con respeto».

Cuando Yasim, una refugiada de Kosovo, llegó a Estados Unidos a los diecisiete años, se sentía desorientada y perdida, ansiosa y preocupada. Estudió tecnología sanitaria en un centro comunal de estudios superiores y consiguió trabajo en una importante clínica urbana que atendía a multitud de pacientes. Debido al estrés provocado por el sistema sanitario, Yasim se sentía abrumada.

Decidió asistir a un retiro de fin de semana, donde aprendió a practicar la meditación *metta* (amor benevolente). Sus meditaciones eran visuales y estaban llenas de colorido, y aplicó esta nueva práctica a su trabajo diario. Cuando aparecía un paciente, Yasim sentía que le rodeaba un color, que luego llenaba en su imaginación con amor. Esto la ayudó a ver más allá del aspecto de cada paciente —su ropa, dolencia o estado anímico— y a acogerlo en su corazón. Pero el amor hacia sí misma le resultaba más difícil. Los tiempos que había vivido con su familia en Kosovo, mientras trataban de sobrevivir, habían sido muy duros, y su legado era muy doloroso. Dudaba de sus capacidades, era muy crítica consigo misma y sentía vergüenza. Cuando pensaba en sus amigos o los pacientes que acudían a la clínica, cada uno tenía un color. Pero cuando focalizaba los pensamientos de amor sobre sí misma sólo veía un agujero negro y duro en su corazón.

Un día recibió un afectuoso mensaje de una colega de trabajo, una mujer de la que Yasim estaba secretamente enamorada. La nota llenó su corazón de oleadas de amor y un color dorado. La siguiente nota le produjo aún más alegría. Cuando Yasim meditó tratando de aplicar la práctica *metta* a sí misma, el agujero negro se disolvió en la inmensidad y aparecieron unas nubes luminosas llenas de colores. «El amor por los demás sanó la mitad de mi corazón —me dijo—. Sentirme amada me ayudó a sanar la otra mitad.» Puesto que era humana, Yasim tuvo que repetir esa práctica. Esta sensación de apertura no dura siempre. El corazón se abre y se cierra, y los sentimientos se desvanecen. Pero ahora Yasim sabe lo que significa sentirse amada y amarse a sí misma.

Confía en tu bondad. Busca la seguridad que necesitas para abrirte. Deja que el amor te resucite. Deja que la atracción magnética te conecte con la energía vital con la que naciste. Deja que el amor te convierta en una persona serena, tierna, fuerte y comprometida con los demás. Deja que el amor te haga bailar. Descubre el amor que constituye tu hogar. Vive desde el amor que *eres*.

PRÁCTICA

Meditación de amor benevolente

¡Soy más grande de lo que creía!
¡Ignoraba que fuera depositario de tanta bondad!
WALT WHITMAN

Inicia la práctica del amor benevolente meditando durante quince o veinte minutos en un lugar tranquilo. Siéntate cómodamente. Deja que tu cuerpo descanse y tu corazón se suavice.

Es preferible comenzar dirigiendo tu amor benevolente hacia alguien por quien sientas cariño, porque a algunas personas les cuesta dirigir amor hacia ellas mismas. Visualiza alguien a quien quieres mucho, de forma que el amor te resulte fácil, sin complicaciones. Empieza donde te resulte fácil abrir tu corazón. Puedes empezar por un niño o una mascota.

Respira con calma y recita para tus adentros estos buenos deseos tradicionales dirigidos a su bienestar.

Deseo que estés lleno de amor benevolente.
Deseo que te sientas seguro.
Deseo que estés bien.
Deseo que estés en calma y feliz.

Mientras repites estas frases, acoge al ser querido con amor benevolente. Adapta las palabras y las imágenes para abrir tu corazón al máximo. Repite estas frases y amables intenciones una y otra vez, dejando que los sentimientos impregnen tu cuerpo y tu mente.

En ocasiones, la meditación puede parecer mecánica o complicada, e incluso inducir sentimientos de irritación o ira. En tal caso conviene que seas paciente y amable contigo mismo, aceptando las sensaciones y los sentimientos que aparezcan con simpatía y benevolencia.

Al cabo de unos minutos, imagina a una segunda persona y ofrécele los mismos deseos de amor benevolente. No importa que las imágenes o los sentimientos sean nítidos. Lo importante es que sigas plantando las semillas de los deseos benevolentes, repitiendo las frases con calma, al margen de las sensaciones y los sentimientos que surjan. La regla para practicar la meditación de amor benevolente es seguir el camino que haga que tu corazón se abra con facilidad.

Al cabo de un rato estás lista para dirigir tu amor benevolente hacia tu persona. Visualiza o imagina a estos dos seres queridos contemplándote con los mismos deseos de bienestar. Ellos desean que tú también te ames con benevolencia, que te sientas segura y bien, que seas feliz. Imagínalos diciéndote con amabilidad:

Deseamos que estés lleno de amor benevolente.
Deseamos que te sientas seguro.
Deseamos que estés bien.
Deseamos que estés en calma y feliz.

Recibe estos deseos con gratitud. Después de unas cuantas repeticiones, acoge estos buenos deseos dentro de ti. Puedes apoyar una mano sobre tu corazón y recitar:

Deseo que estés lleno de amor benevolente.
Deseo que te sientas seguro.
Deseo que estés bien.
Deseo que estés en calma y feliz.

Cuando hayas establecido un sentimiento de amor benevolente hacia tu persona, puedes ampliar tu meditación para incluir a otros. Elige a un benefactor, a alguien en tu vida que te haya querido o cuidado. Imagina a esa persona y recita las mismas frases.

Cuando hayas desarrollado un amor benevolente hacia esa persona benefactora, puedes incluir de forma progresiva a otros seres queridos en tu meditación. Imagina a cada ser querido mientras recitas las mismas frases, evocando un sentimiento de amor benevolente hacia cada una de ellas. A continuación puedes incluir un círculo más amplio de amigos. Luego puedes ampliar tu meditación paso a paso para visualizar e incluir a miembros de tu comunidad, vecinos, personas en todas partes, animales, a todos los seres de la Tierra.

Por último, incluye a personas conflictivas que tengas en tu vida, incluso a tus enemigos, deseándoles también que estén llenos de amor benevolente y paz. Esto requiere cierta práctica. Pero, a medida que tu corazón se abra, al principio para acoger a tus seres queridos y amigos, comprobarás que no vuelve a cerrarse.

Puedes practicar el amor benevolente en cualquier lugar. Puedes utilizar esta meditación en los atascos, en el autobús, en un avión. Cuando practiques en silencio esta meditación entre otras personas, sentirás de inmediato una maravillosa conexión con ellas, el poder del amor benevolente. Calmará tu mente, abrirá tu corazón y te mantendrá conectada con todos los seres.

3

Confiar en el universo viviente

*Podrán cortar todas las flores, pero no podrán detener
la primavera.*

PABLO NERUDA

No somos el pequeño yo que nuestras preocupaciones nos hacen creer que somos, sino la vida que se renueva de forma constante. La confianza sabe que nada real puede perderse. Cada vez que acudía a mi maestro Ajahn Chah para comentarle una experiencia que me parecía importante —una fiebre terrible, una meditación luminosa— o una inquietud por la suerte del mundo, él sonreía como un abuelo al que su nieto de tres años le muestra un castillo de arena y me recordaba: «Si te aferras a una expectativa, no reparas en la sabiduría. Es impermanente. Debes convertirte en "la que sabe", la testigo de todo. Así es como crece la confianza». Y así es como crece también el amor. Las claves son la confianza y el amor.

Cuidar de nuestro jardín

María padeció un pequeño ictus el año en que su marido fue despedido de su trabajo y su hijo tuvo que someterse a tratamiento por su adicción a la metadona. Se sintió como el Job bíblico. Aunque percibió un dinero por su discapacidad, temía perder su hogar. Yo, que era su maestro, la guie para que trabajara con las prácticas de la confianza y la conciencia del momento presente. María utilizaba unas cuentas de oración para focalizar su mente, sobre todo durante los meses de su rehabilitación, al mismo tiempo que recitaba: «Descansa en el presente. Sana en el presente. Confía».

Cuando ella y su hijo se recuperaron, María practicó la autoayuda y asistió a reuniones de Al-Anon (ayuda a los familiares de alcohólicos). Después de una época difícil, se curó, su marido recuperó su empleo, su hijo completó un año de rehabilitación y no ha vuelto a caer en las drogas. «Sin confianza, yo no lo habría conseguido», me confesó María.

Formamos parte de un vasto plan en el curso de la vida. Cuando una persona sufre una enfermedad o una pérdida, o se produce un trauma colectivo, no es un error. Poseemos la entereza necesaria para soportarlo con coraje. Podemos sobrevivir y hacernos más fuertes, como los árboles silvestres que crecen en las montañas y soportan tormentas y se hacen más hermosos. Con confianza, plantamos nuestras semillas, las regamos y descubrimos que, aunque es imposible controlar el mundo, siempre podemos cuidar del jardín de nuestra vida.

La confianza nos empodera. Pienso en el clérigo noruego que trabajó de forma encubierta durante la Segunda Guerra Mundial, salvando a judíos, a gais, a gitanos, a todas las colectividades amenazadas por los nazis. Lo llamaron al cuartel general de la Gestapo y le ordenaron que se sentara en una silla de metal frente a un oficial alemán. Después de encender una lámpara que emitía una luz cegadora, el oficial que iba a interrogarlo sacó una Luger de la funda y depositó la pistola en la mesa entre el clérigo y él. Sin dudarlo, este sacó una Biblia de su mochila y la colocó en la mesa junto a la Luger del alemán. El oficial le preguntó: «¿Por qué has hecho eso?» El clérigo respondió: «Tú has depositado tu arma en la mesa y yo he depositado la mía». Convencido de que obraba con justicia, el clérigo soportó el largo interrogatorio sin dejarse achantar, regresó a su iglesia y reanudó su arriesgada labor.

Párate un momento para reflexionar sobre la confianza. ¿Cómo te sentirías si vivieras con una confianza juiciosa, pensando que las cosas se resolverán, quizá no como crees que deberían resolverse pero de una forma magnífica y eficaz? Observa cómo se relaja tu cuerpo, cómo se apacigua tu corazón. Rumi nos aconseja: «Finge que el universo está a tu favor». Según Gandhi, la confianza surge de esta visión intemporal. «Cuando me desespero —escribió—, recuerdo que, a lo largo de la historia, la verdad y el amor se han impuesto siempre. Sí, ha habido asesinos y tiranos, que durante un tiempo nos parecen invencibles. Pero, en última instancia, siempre caen. Piensa en ello, siempre.»

En tiempos difíciles, la confianza exige que dejemos de centrarnos en nuestro pequeño yo, el cuerpo del temor, para conectar con aquello que es inmenso, sagrado. Es una confianza en la grandeza del espíritu humano.

Soportar el dolor de la pérdida de confianza requiere cierto tiempo hasta que recuperamos la fe en la vida. Pero puede renovarse. Recuerda que no eres la única persona que ha sufrido esta pérdida. Todos nos hemos sentido traicionados, hemos perdido nuestra confianza. A veces la traición empieza con una infancia dolorosa. Otras, se produce más tarde: un amante que nos engaña con otra persona, un socio de negocios que nos traiciona y roba, miembros de la familia que se pelean entre sí, un extraño que viola tu hogar o tu cuerpo, instituciones que mienten. Estas traiciones son difíciles de sanar. Pero puedes aprender a confiar de nuevo. La confianza juiciosa no es ingenua. Puedes confiar y proteger tu cuerpo, tu corazón y tus pertenencias. La confianza juiciosa requiere discernimiento, la capacidad de distinguir lo que es digno de confianza y, ante todo, la forma en que debes confiar en ti mismo.

Debemos confiar en que la alegría y el sufrimiento que se nos da son lo que necesitamos para despertar a la libertad. El dolor y la pérdida constituyen la escuela de posgrado de la confianza. Nos enseñan a sobrevivir y una libertad inquebrantable. Poseemos una fuerza innata heredada de mil generaciones de antepasados, supervivientes que nos han ofrecido la vida. Ahora nos toca a nosotros. Aunque hayamos perdido nuestro dinero, nuestro trabajo, una relación o la fe, no es el fin. Como la hierba que crece a través de las grietas en la acera, la confianza puede volver a crecer. Por perdidos o desolados que nos sintamos, nos aguarda algo nuevo, y la vida continúa.

La danza de la vida

Vivimos en una cultura que fomenta la creencia de que podemos controlarlo todo. Procuramos comer de forma sana, nos pasamos la vida pendientes de las previsiones meteorológicas por si anuncian tormentas y hacemos largas colas en los controles de seguridad de los aeropuertos. Pero, en última instancia, nadie puede predecir enfermedades, tornados o accidentes. Como tampoco podemos predecir arcoíris, sonrisas, gestos de amor o cuánto tiempo viviremos. Nuestros políticos fomentan el temor, a menudo engañándonos sobre peligros inminentes, endosándonos una historia tras otra que nos sobrecoge. Tiempo atrás nos hicieron temer a los comunistas, la guerra nuclear y a los gais; ahora nos inducen a temer a los terroristas, a los inmigrantes y a los musulmanes.

H. L. Mencken, un periodista de la década de 1920, consideraba este afán de atemorizar a la población como algo endémico en la política. «El objetivo de la política es mantener a la plebe atemorizada (y por lo tanto exigir a los gobernantes que la conduzcan a lugar seguro), amenazándola con una interminable serie de catástrofes, la mayoría imaginarias.» Esta dinámica persiste hoy en día. La sarta de tremebundas historias y mentiras que nos endilgan los políticos y los funcionarios gubernamentales potencian nuestra ansiedad.

Sí, vivimos tiempos de incertidumbre, pero la sabiduría nos aporta amor, perspectiva y la facultad de confiar. La sabiduría nos invita a vivir con un corazón que confía. Howard Zinn, autor de la célebre obra titulada *Una historia popular del imperio americano*, dice: «El cambio revolucionario se produce como una interminable sucesión de sorpresas». Cita la caída de la Unión Soviética, la transición en España del fascismo a la democracia y el giro de la China comunista al capitalismo.

Conozco numerosos jóvenes que, a pesar de todos los desastres que se producen en el mundo, siguen albergando confianza. Hay centenares de miles de personas que trabajan para el bien en todas partes… Mantener la confianza en tiempos convulsos no es absurdo ni romántico. Se basa en el hecho de que la historia humana es una historia no sólo de crueldad, sino también de compasión, sacrificio, coraje y bondad. Lo que decidamos poner de realce en esta compleja historia determinará nuestras vidas. Si sólo vemos lo peor, destruirá nuestra capacidad de hacer algo al respecto. Si recordamos los tiempos y lugares —que no son pocos— en que la gente se comportó de forma extraordinaria, eso nos procurará energía para actuar, y al menos la posibilidad de hacer que este mundo semejante a una peonza gire en sentido distinto. El futuro es una sucesión infinita de presentes, y vivir ahora como creemos que debemos vivir los humanos, desafiando el mal que nos rodea, es una victoria maravillosa.

Lo que es cierto en el caso de una colectividad también lo es para nosotros como individuos. En el peor de los casos, puedes perder tu empleo o tu hogar, contraer una grave enfermedad o sufrir un doloroso divorcio. Pero el corazón puede seguir confiando, incluso en tiempos difíciles. No se trata de una confianza ingenua, no cuentas necesariamente con un determinado resultado, como encontrar un trabajo más satisfactorio o curarte de tu enfermedad. El corazón puede confiar en el espíritu intemporal detrás de esta magnífica danza.

No sabemos lo que la vida nos deparará. A veces un proceso doloroso conduce más adelante a unas circunstancias inesperadas y más favorables. A veces no es así, y nuestra alma debe aprender a soportar esta dura prueba. Todo constituye la música de la vida, y todo puede resolverse. Con confianza juiciosa, tu corazón puede sentirse libre allá donde te encuentres.

Confianza juiciosa

Cuando el padre de Álvaro murió, sus seis hermanos se enzarzaron en una dura pelea, dos de ellos con mentiras y codicia, para hacerse con el control de la compañía constructora de la familia. En dos años, estuvieron a punto de despojar a Álvaro de su herencia. Pero eran su familia, padres de sus queridos sobrinos y sobrinas. Habían asistido juntos a todas las reuniones familiares: bodas, fiestas, cumpleaños. La familia era su vida. Esta situación afectó profundamente a Álvaro, causándole una sensación de pérdida, ira, dolor y lágrimas. Al cabo de un año, pensó en la forma en que podía volver a confiar en sus hermanos: sólo podía confiar en que se mostraran tal como eran. No quería que colonizaran su corazón o su vida con ira y resentimiento. Indicó a su abogado que utilizara todos los medios legales para proteger su herencia. Pero no quería romper con ellos. Al verlos con claridad, recuperó la confianza en sí mismo. Y a través de las batallas legales a veces dolorosas, aprendió que podía cuidar de sí mismo y confiar de una forma renovada y más juiciosa.

Los mejores sistemas de sanar, terapia y meditación, se basan en aprender a confiar. Esta es la auténtica confianza. Tu hijo tiene problemas, tu empleo peligra, no sabes cómo solventar las dificultades económicas, te atormenta un doloroso trauma del pasado. Pero esto no es el fin de la historia.

Como trabajamos con veteranos de guerra que regresan a casa de Irak y Afganistán, y otros hombres que han experimentado episodios violentos y traumas, mis colegas Michael Meade, Luis Rodríguez y yo creamos unos retiros en un albergue en un bosque de secuoyas. Allí, los hombres se sienten libres para expresar sus anhelos y terrores, sus amores y sus pérdidas. Cuentan historias que nunca han contado y participan en ceremonias creadas con el fin de acogerlos de nuevo en la comunidad. Durante un retiro, los hombres participaron en jornadas llenas de actividades dirigidas a conectarlos consigo mismos y con sus compañeros. Practicaron escritura creativa y poesía, cantaron canciones y llevaron a cabo ritos y ejercicios de artes marciales. Aprendieron mitos y canciones de guerreros que regresan a casa —africanos, mayas, irlandeses, tibetanos— pidiendo misericordia, comprensión y consuelo. Por las noches, el viejo albergue se iluminaba con velas, e invitábamos a los hombres a ponerse de pie y relatar sus historias.

Una noche, TJ, el más joven, que había pertenecido a una pandilla callejera en Los Ángeles, relató su historia. Con voz trémula, describió la escena de una pelea entre los Crips y los Bloods (dos bandas rebeldes): desde un coche que circulaba lentamente por el barrio de viviendas protegidas, habían disparado y matado a un amigo suyo la semana anterior. Cuando la pandilla rival comenzó a disparar, TJ echó a correr, pero su joven amigo tardó en reaccionar y fue abatido de un disparo. En cuando pudo, TJ regresó para auxiliar a su amigo, e impidió que se acercaran los policías que habían acudido a la escena del crimen. Llorando, se preguntó en voz alta si pudo haber hecho algo para salvar la vida de su amigo.

Rudy, un fornido exmarine que había regresado hacía poco de Irak, se acercó y echó un brazo alrededor de los hombros de TJ, diciéndole: «Hiciste lo correcto. Cuando empiezan los tiros, debes protegerte. Pero nunca abandonas a tus hombres».

Después de un emotivo silencio, Rudy habló de sus propias experiencias.

«No puedo contaros lo que vi. Y lo que es peor, no puedo contaros lo que tuve que hacer.»

Con los ojos húmedos, describió un día en Anbar, al anochecer, cuando montaba guardia en un control. Al ver aproximarse a un grupo de iraquíes les ordenó que se detuvieran para registrarlos, pues hacía poco se había producido un atentado suicida. Un hombre de edad avanzada continuó andando. Rudy le gritó «¡alto!, ¡alto!» en inglés y en árabe, pero el hombre siguió avanzando hacia la verja del recinto. Rudy abrió fuego y el hombre cayó. Las mujeres iraquíes que había en el grupo empezaron a gritar. Un traductor se dirigió a Rudy y le increpó:

«¿No te diste cuenta? Ese viejo era sordo».

Rudy y TJ rompieron a llorar juntos. Luego, a la luz de las velas bajo las oscuras secuoyas, un centenar de hombres se pusieron de pie y empezaron a cantar la evocadora melodía de los guerreros africanos que regresan a casa. Durante media hora, rodearon a Rudy y a TJ con sus voces graves y sonoras, tranquilizándolos poco a poco con su canto. Hoy, Rudy trabaja en un barrio de viviendas protegidas como mentor de jóvenes que quieren dejar la vida pandillera.

Tú también puedes sentirte atormentado por traumas no resueltos en tu vida hasta que hallas el medio de afrontarlos. Puedes hacerlo de muchas formas, a través de la meditación, la terapia, el arte, la comunidad o rituales, concediéndote tiempo para sanar. Poco a poco comprenderás que la libertad no significa que tus experiencias dolorosas desaparecen. En lugar de ello, se convierten en cicatrices de guerra como las que decoran el cuerpo de un guerrero masái, las estrías en el vientre de una mujer o las medicinas secretas conquistadas con esfuerzo a lo largo de un gran periplo. Los traumas pasan de ser una respuesta bloqueada o un angustioso hábito para convertirse en un tierno e instructivo recuerdo. Se convierten en el combustible para que la llama de la vida arda con más intensidad en tu corazón.

Más allá de la desesperación

Tu sufrimiento no es el fin de la historia. No tiene que definirte. En la tumba del poeta Rumi figura esta inscripción:

Ven, ven, quienquiera que seas.
Viajero, devoto, amante de la vida.
Aunque hayas roto tu promesa cien veces,
la nuestra no es una caravana de desesperación.

Tanto si son otros quienes rompen sus promesas como si somos nosotros quienes rompemos las nuestras, Rumi nos recuerda que podemos seguir adelante sin desesperarnos, con una confianza más profunda. La confianza empieza en la inocencia del niño, dispuesto a arrojarse a los brazos incluso del padre más inepto. Luego vienen los desengaños de la vida y los sufrimientos. Esto no es un error. La pérdida y la traición están imbricadas en el tejido de la vida, los inevitables límites de la encarnación humana. Las pérdidas externas nos obligan a dar marcha atrás en busca de lo que realmente es digno de confianza. A partir del desengaño puede crecer la compasión y una perspectiva más amplia. Con ellas surge de nuevo la confianza, más profunda y juiciosa.

Keith, un estudiante de budismo tibetano, vino a verme. Había emprendido la práctica tradicional *vajrayana* de 100.000 postraciones, y con cada reverencia se refugiaba en el Buda y sus enseñanzas. Pero su lama había vuelto a Nepal y no regresaría hasta al cabo de un año. Después de comenzar con unos pocos miles de postraciones, Keith se sintió incapaz de continuar. Cada vez que iniciaba una reverencia le dolía el cuerpo, sus sentimientos se bloqueaban y no tenía fuerzas para realizar otra postración. Hablamos de su práctica. Le dije que uno de los propósitos de una práctica reiterada como la de las postraciones es la purificación, explicándole que, con cada reverencia, cualquier patrón físico, emocional o mental subyacente que pudiera bloquear su entrega y devoción aparecería de forma natural. Aquí es donde se producen las transformaciones más profundas.

Le propuse realizar juntos unas reverencias para comprobar qué sucedía. Nos colocamos uno al lado del otro, dispuestos a hacer unas reverencias y refugiarnos en el Buda y sus enseñanzas. Pedí a Keith que se centrara en su cuerpo. De repente sintió frío, se echó a temblar y le asaltó el temor. Permaneció con estas sensaciones, que se intensificaron. Yo inicié una reverencia y, cuando él empezó a moverse, sintió que tenía la garganta agarrotada y el corazón le latía más acelerado. Le dije que cerrara los ojos y estuviera pendiente de todas sus sensaciones. Luego le pregunté cuántos años sentía que tenía. Sus ojos se humedecieron y la voz le tembló al responder:

«Tengo seis años».

«¿Y qué ocurrió?», pregunté.

Keith me contó que su padre, que le quería y protegía, había sido trasladado al hospital de urgencia debido a un ataque al corazón. Keith se quedó en compañía de un hermanito menor, que no dejaba de llorar, y de su madre, que padecía un trastorno bipolar y le maltrataba. Cuando su padre regresó del hospital un mes más tarde, no era el mismo hombre. El ataque al corazón le había afectado profundamente. Su salud sufrió un grave deterioro y al cabo de unos años falleció. La enfermedad de su padre había anulado en Keith todo sentimiento de bienestar y esperanza.

«¿Qué tiene esto que ver con la práctica de las postraciones?», le pregunté.

Él meneó la cabeza y respondió:

«Cuando mi padre murió, abandoné toda esperanza. Mi infancia se hizo tan dura que llegué a la conclusión de que la vida no era digna de confianza. Temo refugiarme en algo, porque temo que me lo arrebaten en un segundo, como sucedió con mi padre».

Le pedí que imaginara que acogía en su interior al niño de seis años que se había sentido abandonado, con ternura y profunda compasión. Luego, al cabo de un rato, le miré a los ojos y le pregunté:

«¿Este niño de seis años, atemorizado, es realmente la persona que eres?»

Keith se dio cuenta de que había soportado durante años un temor inconsciente. Comprendió que ya no era un niño y que había vivido y superado el dolor de la pérdida de su padre. Comprendió que podía volver a confiar y vivir su vida a partir de ahora. Cuando estuvo dispuesto, ambos nos levantamos y realizamos unas postraciones. Más tarde, completó sus 100.000 postraciones sin ninguna dificultad.

Abrazado por un universo viviente

La encarnación humana es misteriosa porque tiene fecha de caducidad. La muerte te llegará y hará borrón y cuenta nueva, al margen de quién seas, por pequeños o grandes que sean tus logros. «Los cementerios están llenos de hombres imprescindibles», observó el general francés Charles de Gaulle. ¿Cómo podemos vivir con el hecho de la muerte, el último misterio? Puede paralizarnos o podemos volvernos hacia ella, inclinarnos ante su presencia y vivir libres.

El temor puede ser irracional. Nuestro primitivo cerebro teme a los tiburones, a los terroristas y los accidentes aéreos. El año pasado se produjeron menos de treinta ataques no provocados de tiburones en Estados Unidos, y 4,5 millones de mordeduras de perros. Diecisiete norteamericanos murieron a consecuencia de ataques terroristas y 36.000 fallecieron debido a la gripe. Tienes cien veces más probabilidades de morir en un accidente de coche que en una catástrofe aérea. Nos infundimos miedo a nosotros mismos sin necesidad. Nuestro temor a los tiburones, los terroristas y los accidentes aéreos es en gran parte imaginario. Como explica Helen Keller: «La seguridad es ante todo una superstición. En la naturaleza no existe y la mayoría de los niños no la experimentan. A la larga, evitar el peligro no es más seguro que exponernos a él. La vida, o es una aventura arriesgada, o no es nada».

Rosina, una madre de dos niños de siete y diez años, solicitó mi ayuda. Padecía un cáncer de mama que se había metastatizado en otras partes de su cuerpo. Aunque recibía un tratamiento, sus probabilidades de vivir más de unos pocos meses eran escasas. Se esforzó en vivir el momento con atención plena, pero su ansiedad y su temor se lo impedían. Con un poco de ayuda, aprendió a asumir su cuerpo y las limitaciones y el pánico con amor benevolente. No obstante, el dolor que le causaba su cáncer era muy debilitante, y Rosina temía caer en el agujero negro de la muerte y abandonar a sus hijos.

Cuando empezamos a reunirnos de forma periódica, Rosina aprendió a acoger todos estos intensos sentimientos y sensaciones con compasión. Lloraba, se echaba a temblar y sentía oleadas de terror. Poco a poco consiguió calmarse, y al cabo de un tiempo pudo abrazar todas sus emociones y sentimientos. Comprendió que no elegimos el momento de morir.

Un día, a instancias mías, decidió abrirse a su mayor temor, el abismo de la muerte. Al hacerlo, sintió que caía, tratando de aferrarse a algo, luego se soltó y cayó en una negrura infinita. Sorprendida, comprobó que el espacio oscuro e infinito era muy suave, como terciopelo negro, con un telón de fondo de rutilantes estrellas. Su expresión se transformó en un gesto de asombro y alivio al abrirse a este misterio, a una confianza mayor que sus temores, y se sintió abrazada por un universo viviente.

Janice experimentaba frecuentes ataques de temor. Le pedí que escribiera un diario y prestara gran atención cada vez que aparecieran los habituales temores, preocupaciones o sentimiento de inferioridad.

Pero cuanta más atención prestaba, más angustiada se sentía. Consignó en su diario una serie interminable de inquietudes y sentimientos de fracaso. Luego, al revisar sus notas, vio su constante sufrimiento con claridad. Rompió a llorar y su corazón se suavizó.

Después de permitirse experimentar la tristeza y el dolor que le producía su vida, Janice sintió curiosidad y se preguntó: «¿Qué es lo que me causa tanto sufrimiento?» De forma espontánea, vio una imagen de sí misma como una niña atemorizada tratando de no perder el control. De pequeña, su familia había perdido su hogar, y sus padres, que se peleaban y se culpaban el uno al otro de lo sucedido, estaban siempre malhumorados y trataban a Janice y a su hermano con malos modos. Janice jugaba con un muñeco semejante a un demonio, que sostenía en la palma de la mano mientras este le gritaba los temores que ella sentía y se burlaba de ella. De pronto comprendió que el demonio había tratado, aunque de forma equivocada, de protegerla. «¡Pero han pasado cuarenta años y sigo torturándome con eso!», exclamó.

La inseguridad está conectada a los niveles más primitivos de nuestro cerebro. El cerebro primitivo siempre está alerta por si se presenta un problema, pero eso no equivale a sabiduría o confianza. La sabiduría nos invita a vivir con un corazón confiado. Con conciencia y compasión, podemos liberar nuestro temor. Con confianza, podemos eliminar los demonios del temor y la inseguridad y dejar que la vida fluya. Con un corazón confiado, somos capaces de amar con tranquilidad, aunando serenidad y atención, abiertos a lo que se presente.

Un maestro sufí conocido por su capacidad de abrir su mente murió cuando le llegó la hora y se encontró frente a las puertas del cielo. Allí vio a un ángel que le ordenó: «¡No des un paso más, mortal, hasta no demostrar que eres digno de entrar en el paraíso!» El maestro sufí respondió: «Un momento. En primer lugar, ¿puedes tú demostrar que esto es el cielo y no una fantasía de mi perturbada mente por haber muerto?» Antes de que el ángel pudiera contestar, una voz fuera de la verja gritó: «Déjalo entrar. ¡Es uno de los nuestros!» ¿Qué significa esto? Analiza el concepto que tienes de la muerte. Las personas que conoces que han muerto, ¿han desaparecido o siguen vivos sus espíritus? ¿Las has perdido o las llevas dentro de ti? Como comprobó Antoine Lavoisier, fundador de la química moderna: «Todo se transforma, nada se pierde». ¿Cómo interpretas este misterio?

Envejecer con confianza

En cada ciclo y vocación de la vida tenemos que reaprender el arte de confiar. Cada noche morimos, confiando en el olvido que nos procura el sueño, y a la mañana siguiente nos despertamos renacidos a la luz de un nuevo día. Como las estaciones, nos movemos de un ciclo al siguiente. En lugar de luchar contra los cambios, es preferible crear una danza para ellos.

Joan Baez y su madre, que tenía noventa y dos años, cantaron en la fiesta de mi sesenta cumpleaños, que también era el veintiún cumpleaños de mi hija, su mayoría de edad. Yo llevaba un esmoquin y me sentía en plenitud de facultades. Ahora, una década más tarde, cuando me miro en el espejo veo a un tipo con incipiente calvicie en bastante buena forma a sus setenta y un años. Pero también siento la progresiva merma de mis fuerzas, mi memoria y mis facultades, que constituye el proceso natural de un cuerpo que envejece. Cuando me siento sabio y benevolente, veo el envejecimiento como algo natural. Es lo que experimenta el cuerpo en los últimos capítulos de esta encarnación. Luego paso por épocas de rechazo, ignorando o luchando contra el flujo de la vida. No pretendo negar el valor de llevar una vida saludable para seguir activo y en forma, pero el deterioro es real e inevitable.

Puedes elegir entre resistirte o aceptarlo con elegancia. Si envejeces sin confianza, te contraes y sufres, y emprendes el camino hacia la muerte. Tu corazón no será libre para amar y gozar del día a día, para danzar con la vida.

En cuanto a mí, el juego aún no ha terminado, sólo ha cambiado. Quiero servir al mundo y vivir con confianza, amor y plena presencia hasta el fin. Esta es la gran invitación, vivir con un corazón que confía. Esta es nuestra libertad. Los grandes maestros zen dicen: «La iluminación se alcanza con un corazón que confía».

PRÁCTICA

Confía en el esquema general

Siéntate en silencio. Siente cómo respira tu cuerpo 15.000 veces al día, cómo tu corazón bombea 90.000 veces al día, cómo tus sentidos y tu digestión funcionan a pleno rendimiento. Ahora echa un vistazo a la Tierra, las plantas, los árboles, y recuerda los ciclos de los días y las estaciones, las estrellas que brillan en lo alto mientras el mundo gira. Relájate. Confía en que formas parte de algo inmenso, el desarrollo de la propia vida. Formas parte de una larga cadena de humanos, de algo grandioso. El linaje de la vida te ha traído a este nacimiento humano. Te sostendrá a través de los altibajos, durante años y años. Respira profundamente sintiendo los ritmos de la vida. Relájate. Confía.

PRÁCTICA

Confía en tu conocimiento interior

Aprende a confiar en tu cuerpo. Empieza por sentir con atención plena y benevolencia lo que sucede en tu cuerpo. Siente el estado de tu cuerpo hoy, sus señales y necesidades. Escucha con atención lo que tu cuerpo tiene que decirte. ¿Desea que lo sanes? ¿Qué cuidados desea? ¿Qué sabiduría puede ofrecerte? Tu cuerpo espera que le prestes atención. Confía en él. Aunque no hayas tenido contacto con él durante largo tiempo, puedes recuperar la confianza paso a paso confiando en tu experiencia corporal.

Del mismo modo que puedes escuchar lo que te dice tu cuerpo, puedes aprender a confiar en tu intuición y tus instintos. Piensa en una situación o un problema. ¿Qué te dicen tus instintos? Haz una pausa. Escucha profundamente. Debajo del nivel de las historias, los hábitos y las reacciones inmediatas hay niveles más profundos de conocimiento, sentimiento, intuición, conciencia y atención. Dedica unos minutos a sintonizar con esos niveles con respeto y atención plena. Deja que la seguridad en ti mismo y la confianza en tu intuición crezcan.

Descubre que la conciencia benevolente es lo suficientemente grande para contener todas tus experiencias. Deja que la confianza y la resiliencia crezcan al entrenar tu atención plena benevolente. De esa forma puedes ser consciente del momento presente, puedes relajarte y surfear las siempre cambiantes olas de la vida.

PRÁCTICA

Deja que la confianza te inspire

Inspírate en quienes viven con confianza, con un espíritu positivo incluso en tiempos difíciles.

A continuación piensa en algunas personas que conoces que te inspiran con su confianza.

Observa cómo se comporta una persona que vive con confianza en lugar de con ansiedad. Observa cómo se mueve. Siente el efecto que tiene en los demás. Visualízate adquiriendo tanta confianza como esa persona. Imagínate viviendo con seguridad y confianza, relajado y presente.

Ahora recuerda los momentos en que experimentaste una grata sensación de confianza, seguridad y fuerza, un amor sin miedo. Esta confianza es innata en ti. La confianza juiciosa no es ingenua, sino que ve con claridad que algunas personas no son de fiar, pero eso no destruye el espíritu general de confianza. Es una confianza en ti mismo y en la vida.

Invita a tu confianza a que crezca, vive con ella.

La confianza es la puerta de acceso a la felicidad.

4

El eterno presente

Para ver el mundo en un grano de arena
y el cielo en una flor silvestre,
despliega el infinito en la palma de la mano
y la eternidad en una hora.

WILLIAM BLAKE

La eternidad está aquí, siempre viva en el momento presente. El mindfulness nos invita a regresar al ahora, el momento presente, en lugar de obsesionarnos pensando en un pasado que ya no existe o fantasear sobre un futuro que aún no ha llegado. En el momento presente aprendemos a ver con claridad y benevolencia. Con el poder del mindfulness, podemos estar plenamente presentes ante la insoportable belleza e inevitable tragedia que comporta nuestra vida humana. Podemos abrazar con dignidad la vida que nos ha sido dada y cuidar de ella.

Tocar el eterno presente

Mi amiga, la escritora y humorista Anne Lamott, describe cómo encontró el presente intemporal en la práctica tibetana: «Tengo la grabación de una monja tibetana cantando un mantra de compasión una y otra vez durante una hora, ocho palabras repetidas sin cesar, y cada línea suena distinta, como si la sintiera y experimentara con plenitud mientras canta. En ningún momento tienes la sensación de que está pendiente del reloj, pensando: "Madre mía, sólo han pasado quince minutos". Cuarenta y cinco minutos más tarde, sigue cantando cada línea de modo distinto, palabra por palabra hasta entonar la última sílaba». En general, las cosas no son tan sencillas y puras, prestando atención a cada sílaba a medida que la vida entona su canción a través de nosotros. Pero el premio reside en este tipo de atención.

Las historias de grandes maestros nos inducen a preguntarnos: «¿Qué puedo hacer para ser como ellos?» La respuesta es que cada maestro puede invitarte a la realidad del presente a su estilo. Ajahn Chah diría: «Debemos convertirnos en la misma conciencia, en "la que sabe"». Dipa Ma diría: «Ama y descansa en paz al margen de las circunstancias». Suzuki Roshi diría: «Permanece donde estás. En lugar de esperar el autobús, date cuenta de que estás en el autobús». Thich Nhat Hanh diría: «Vive en la atención plena, en este momento, el eterno presente». Los maestros de *dzogchen* tibetanos dirían: «La iluminación no está lejos. Es la libertad aquí y ahora para que la sientas cuando te abras a ella».

Robert Aitken Roshi, el decano de los maestros zen occidentales, impartió sus enseñanzas en Estados Unidos. Poco antes de jubilarse, asistió a una reunión de casi un centenar de maestros budistas occidentales. En una maravillosa charla, habló de su amor por el dharma y su vida de práctica, incluido su primer encuentro zen con R. H. Blyth, un inglés que enseñaba en Japón, que llegó a ser un afamado traductor de haikus y que durante la Segunda Guerra Mundial estuvo preso en una cárcel para extranjeros. Aitken Roshi habló sobre los años en que dirigía sesiones de *sesshin* y enseñaba *koans*. También describió el sufrimiento que le causaron sus dudas personales incluso después de empezar a impartir clase como maestro zen. Era conocido por la comprensión que demostraba a todos los estudiantes de zen que se enfrentaban a los difíciles estudios.

Uno de los maestros de meditación que estaba presente le pidió un último regalo. ¿Estaba dispuesto Roshi a revelarnos la respuesta a un *koan* zen? En respuesta, Aitken Roshi describió un encuentro con su maestro zen, Nyogen Senzaki, en Nueva York. Senzaki le mostró un voluminoso cuenco de cerámica con una espiral pintada desde el centro interior hasta el borde. El *koan* que le planteó Senzaki fue: «¿En qué sentido se extiende la espiral, de dentro afuera o de afuera adentro?»

«¿Cuál es la respuesta?», preguntó uno de los maestros que se hallaba entre el público. La charla que había dado Roshi tocaba a su fin y este había permanecido sentado, inmóvil, durante una hora y media. Con casi ochenta años, se puso de pie despacio, bamboleándose, y extendió los brazos, con las manos hacia arriba. Luego giró su cuerpo por completo, primero en un sentido, luego en otro. Hacia fuera y hacia dentro. Esta era su respuesta. Se convirtió en el cuenco, en la espiral misma.

Presta atención al ahora

Hace unos años, tuve el placer de dirigir un retiro con Thich Nhat Hanh. Ese día, dio una clase titulada «No hay muerte, no hay temor», y relató la historia de haberse despertado de un sueño en el que mantenía una conversación con su querida madre, un año después de que esta falleciera. Había estado muy unido a ella y lloró su pérdida durante mucho tiempo. Pero una noche de luna llena, en su ermita situada en una montaña en Vietnam, se despertó de un sueño en el que había visto a su madre, sintiendo la plena realidad de su presencia. «Entendí —dijo— que mi madre no había muerto». Podía oír su voz dentro de él. Salió de la ermita y su madre se convirtió en la luz de la luna que acariciaba con dulzura su piel. Mientras caminaba descalzo entre las plantas de té, sintió que ella lo acompañaba. La idea de que su madre había desaparecido no era cierta. Thich Nhat Hanh comprendió que sus pies eran «nuestros pies, y que juntos mi madre y yo dejábamos huellas en la húmeda tierra».

Al igual que Thich Nhat Hanh, Isabella tuvo que abrazar la vida y la muerte en todo momento. Sus dos hijos, nacidos con un año de diferencia, padecían fibrosis cística debido a un trastorno genético. Su esperanza de vida era limitada y sufrían frecuentes y violentos ataques de tos. Cuando empezaron a asistir al instituto, sus pulmones estaban llenos de mucosidad. Nicolas era un genio de la informática, un adolescente brillante que diseñaba páginas web; Daniella era una atleta, una excelente jugadora de voleibol. Puede que con el milagro de un trasplante de pulmón lograran vivir hasta cumplir los treinta. Al mirarlos, se te partía el corazón.

Todos sabemos que vamos a morir, pero para Isabella, cada ataque de tos o dolor de estómago de sus hijos era un recordatorio de su mortalidad. Cuando vino a verme para aprender la práctica del mindfulness, ansiaba con desesperación «impedir que su mente viviera incesantemente en el futuro». Cuando empezó a meditar, le horrorizó comprobar la frecuencia con que los temores asaltaban su mente y la escasa atención que prestaba al lugar donde se encontraba. Le llevó muchas semanas de duro trabajo, redirigiendo su atención un millar de veces, hasta que consiguió prestar atención a su desayuno, a la adelfa rosa en el rincón, al sonido del aspersor en el jardín, al mantel estampado con flores azules. Poco a poco la meditación empezó a dar resultado, y el alivio llenó su corazón. Isabella se abrió al crepúsculo que aparece cada día, a la anciana sentada en el porche de al lado, al simple alimento de cada instante.

«Mi refugio es el presente. Al principio, el mindfulness era un medio para evadirme de mi tormento interior. Pero ahora se ha convertido en una forma de vida. No sabemos los días que nos quedan ni nuestro destino. Tenemos que vivir aquí o nos perderemos todo cuanto sucede en el mundo. Deseo estar aquí en cada momento de la vida de mis hijos. Y de la mía.»

Como dice Jon Kabat-Zinn: «¿Las pequeñas cosas, los pequeños momentos? No son pequeños». Incluso tus problemas pueden resolverse de forma más eficaz si estás presente aquí y ahora.

Para liberarte de la tiranía del tiempo, interésate en el presente. Observa la experiencia del ahora con su mezcla de alegrías y tristezas. Relájate en el presente; es tu hogar. Conforme te esfuerces en vivir ahora, descubrirás que abarca la totalidad del tiempo. Ahora mismo —mientras lees esta página—, haz una pausa y reflexiona sobre tus planes para esta jornada. Observa que estás aquí, ahora, visualizando tus planes. Puedes planear y recordar, pero todo sucede ahora.

Matemáticas morales del momento

La libertad se halla siempre donde estás tú. Tanto si estás cuidando a un niño como construyendo una empresa, practicando un deporte o curándote de una enfermedad, todo sucede en este momento. Las prisas y las preocupaciones no te procuran más tiempo. Lo único que tenemos en realidad es el momento presente. El pasado ha desaparecido; el futuro aún no ha llegado. El arte de vivir consiste en *estar* en el eterno presente, abrirte a lo que es. Basta un momento para romper el hechizo del tiempo, salir de nuestros pensamientos y ver el sol reflejado en la ventana, saborear el fascinante misterio de una mandarina o un langostino.

La vida moderna nos obliga a apresurarnos. Contempla el misterio del tiempo. Tenemos prisa, estamos en un atasco, llegaremos tarde a una reunión, no dejamos de pensar en las tareas que debemos realizar o en errores pasados. Sin embargo, el tiempo se crea con pensamientos, ideas sobre momentos que no son el presente. Por supuesto, la conciencia del tiempo es muy valiosa. Nos permite recordar el misterio, organizarlo, planearlo y aprender de él. Pero, en general, vivir pensando en otros momentos nos causa estrés y ansiedad. Centrarnos excesivamente en el pasado y el futuro resta vitalidad al presente.

En 2007, el *Washington Post* llevó a cabo un experimento en materia de «contexto, percepción y prioridades». El periódico pidió a Joshua Bell, un violinista de fama mundial, que se colocara con su Stradivarius en una estación de metro en Washington, por la mañana, y tocara los complejos y magníficos preludios de Bach. Un millar de viajeros pasaron junto a él, pero casi nadie se detuvo para escuchar, excepto unos cuantos niños. El *Post* lo tituló: «Las matemáticas morales del momento». La gente tenía prisa y estaba en otras cosas, y el sombrero de Bell contenía apenas 32 dólares en monedas, apenas una parte del precio de una entrada para asistir a su recital en el Kennedy Center la noche siguiente. ¿Cuántas veces nos hemos apresurado tú o yo a través de la vida, absortos en nuestros pensamientos, sin reparar en el violín y los simples milagros que se producen en cada momento?

Estés donde estés, hagas lo que hagas, haz una pausa. Date un respiro. La libertad cobra vida cada vez que estás presente en lugar de estar absorto en tus pensamientos. Cuando estás presente con tus hijos, tu pareja, tu jardín, tu trabajo, tu cuerpo, cobras vida. Centrado en el presente también puedes planear, reflexionar, dirigir tu vida de forma más eficaz. Cuando estás *aquí*, ves con mayor claridad y respondes con auténtico amor. Un corazón valiente va unido a una mayor capacidad para aceptar y abrazar lo que está aquí, ahora.

La mente del principiante

Paul viajaba con frecuencia para su compañía de marketing, pero cuando estaba en casa era un padre entregado a sus hijos. Su hija mayor, Stella, tenía catorce años y estaba adquiriendo madurez, pero sus hijos de siete y nueve años, Joshua y Callie, no dejaban de pelearse, insultarse y pegarse. Cuando iban en coche a algún sitio, el asiento trasero se convertía en una zona de guerra, con gritos de «¡Ha empezado ella!», «¡No, ha sido él!» Paul temía que esta situación se prolongara hasta que ambos hermanos fueran adultos y acabaran odiándose.

Un día, al regresar a casa de un viaje al extranjero, cansado y bajo los efectos del *jet lag*, Paul llevó a sus dos hijos en coche a visitar a su hermana. Cuando empezaron a pelearse les gritó para que dejaran de hacerlo, pero los niños siguieron chinchándose e insultándose por lo bajo. Cuando hicieron una parada en un restaurante de la carretera para ir al lavabo, Callie se bajó del coche, tropezó con la acera y cayó, hiriéndose en el codo y en la cara. Paul le limpió la sangre y los rasguños de la cara con un trapo y un poco de desinfectante, mientras Joshua entraba corriendo en el restaurante en busca de hielo para reducir la hinchazón del codo. Cuando regresó, sostuvo a Callie en sus brazos, aplicándole el hielo y tranquilizándola. Paul se quedó pasmado; no había reparado en el profundo vínculo que existía entre ambos hermanos, lo conectados y unidos que estaban. Sus peleas no eran sino un juego, un afectuoso contacto entre ellos, una forma de separación a la vez que permanecían conectados. Sus ojos se llenaron de lágrima de alivio; en ese momento comprendió que sus hijos nunca dejarían de quererse.

Cuando salimos del tiempo, vemos cada momento de forma renovada, tal como es, sin juicios apriorísticos. El maestro zen Shunryu Suzuki lo llamaba «la mente del principiante». Suzuki Roshi repetía estas simples y liberadoras enseñanzas de vivir aquí y ahora a todo el que quisiera escucharlo, incluso a un joven sacerdote zen japonés que había venido para ayudar a la comunidad en San Francisco. Después de unas semanas, el nuevo maestro se quejó de que su inglés era demasiado limitado para comunicar la esencia del zen a sus alumnos. Al día siguiente, Suzuki Roshi se presentó en el *zendo* (la sala de meditación) y ocupó el asiento del maestro. Tocó la campana y juntó las manos. Articulando cada palabra despacio y con claridad, dijo: «Hoy es hoy». *Pausa larga.* «Hoy no es ayer.» *Pausa larga.* «Hoy no es mañana.» *Pausa larga.* «Hoy es hoy.» Luego sonrió, hizo una reverencia y se marchó. «Cinco palabras —dijo más tarde al joven maestro—. Es cuanto necesitas para enseñar zen.»

Día a día es como lo describe el programa de doce pasos. La novelista Storm Jameson explica: «Existe sólo un mundo, el mundo en el que te encuentras en este minuto. Existe sólo un minuto en que estás vivo, este minuto aquí y ahora. La única forma de vivir es aceptar cada minuto como un milagro irrepetible».

La libertad y la presencia del amor cobran vida en el aquí y ahora. El amor en el pasado es un recuerdo. El amor en el futuro es una fantasía. El único lugar que debes amar es donde te encuentras en este momento.

¿Cómo debemos vivir?

En un famoso experimento sobre psicología, los investigadores pidieron a dos grupos de estudiantes que atravesaran el campus de la Universidad de Princeton para asistir a una importante conferencia sobre la parábola del Buen Samaritano, el modelo bíblico de detenerse para auxiliar a un extraño. Indicaron al primer grupo que se apresurara porque las puertas de la sala de conferencias no tardarían en cerrarse. Al segundo grupo de estudiantes les dijeron que la conferencia iba a empezar enseguida, pero que no tenían que apresurarse y podían entrar en la sala cuando quisieran. Cuando los componentes de cada grupo atravesaron el campus, pasaron junto a una persona que parecía haberse lesionado y necesitaba ayuda. Ningún componente de los dos grupos sabía que la persona que parecía tener problemas fingía haberse lesionado.

Sin embargo, casi todos los estudiantes del primer grupo, tras decirles que se apresuraran, pasaron de largo sin detenerse para auxiliar a la persona que estaba herida, aunque iban a asistir a una conferencia sobre la necesidad de ofrecer ayuda a extraños. Por el contrario, la mayor parte del segundo grupo, los que no tenían que apresurarse, se detuvieron para auxiliar al actor que fingía haberse lastimado. ¿Cómo prefieres vivir? ¿Con prisas o mostrando solidaridad?

Vivir en el presente es la base de la liberación. Pero es difícil; vivir en el presente te abre a la vida. Es fácil estar aquí cuando la vida es agradable, pero y ¿cuando experimentamos dolor, depresión, sufrimiento, ira, confusión, soledad o temor? La cultura moderna te aconseja que te distraigas del dolor yendo al cine o de compras. Los médicos prescriben tranquilizantes para que las personas que lloran la pérdida de un ser querido no sufran. Nuestra forma de distraernos, las prisas y la obsesión de hacer planes constantemente actúan a modo de adicciones: son extremadamente resistentes al presente. En la medida en que te distraes y procuras estar siempre atareado, no eres libre.

El mindfulness y la conciencia benevolente son los antídotos, la puerta de acceso a la libertad. Cuando reconoces con exactitud lo que está presente, aunque sea dolor, ansiedad, ira o tristeza, puedes aceptarlo con delicadeza, como si te inclinaras ante ello. Al hacerlo, sentirás que el amor crece así como el espacio de la conciencia benevolente siempre presente, que lo contiene todo, ahora.

Hallar refugio

«*Ahora*. Esta es la clave», dice Pema Chödrön.

Ahora, ahora, ahora. *El mindfulness te enseña a estar despierto y vivo, con plena curiosidad, ¿sobre qué? Bueno, sobre el ahora. Te sientas a meditar, centrado en tu respiración, ahora; te despiertas de tus fantasías ahora e incluso las fantasías son ahora, aunque parezca que te conducen al pasado y al futuro. Cuanto más presente estás en el ahora, más cuenta te das de que te hallas en el centro del mundo, de pie en el centro de un círculo sagrado. No es poca cosa, tanto si te estás cepillando los dientes como preparando la comida o limpiándote el trasero. Hagas lo que hagas, ¡lo haces* ahora*! (el énfasis es mío).*

Lo bueno es que puedes aumentar con facilidad tu capacidad de vivir en el ahora practicando el mindfulness y la conciencia benevolente. La neurociencia nos muestra que podemos desarrollar nuestra atención plena con unas semanas de entrenamiento. Y con la atención plena aumenta la resiliencia y tienes un mayor acceso a la compasión, la integración neural, la estabilidad emocional, la regulación interior, la sanación física y la alegría.

El mindfulness centra tu corazón aquí y ahora. La doctora Rachel Remen lo compara con hallar tu *querencia*:

En una corrida de toros hay un lugar en el ruedo donde el toro se siente seguro. Si logra llegar a él, se detiene para recuperar sus fuerzas. Ya no tiene miedo... La tarea del matador es averiguar la ubicación de este refugio, para asegurarse de que el toro no tenga tiempo de ocupar el lugar que le devuelve su integridad. Este lugar seguro para el toro se llama «querencia». En el caso de los humanos, la querencia es el lugar seguro en nuestro mundo interior. Cuando una persona halla su querencia, a la vista del matador, se calma y se siente en paz, sabia. Ha recuperado sus fuerzas.

Cuando practicas el mindfulness, descubres tu «querencia». Pruébalo. Céntrate, inmóvil y en silencio. Sal del tiempo. Puedes hacerlo.

Seas quien seas, con conciencia benevolente puedes afrontar la totalidad de la vida humana y confiar en que tu corazón es lo bastante grande para abrirse a ella.

La intemporalidad del mundo natural

La naturaleza puede abrir las puertas del cielo en un momento, tanto si observamos una flor con detenimiento como si levantamos la vista para admirar unos campos. Sal al exterior y reconoce la presencia de los ciruelos, los cúmulos en el cielo, los colibríes, los vientos vespertinos, el amanecer o una fuente. Despójate de tus pensamientos y planes y descansa en la realidad intemporal del mundo natural. Ralph Waldo Emerson, el filósofo norteamericano, comenta: «Las rosas debajo de mi ventana no me remiten a unas rosas anteriores o más bellas, son lo que son. En ellas el tiempo no existe. Existe sólo la rosa. Es perfecta en cada momento de su existencia».

En Bali, donde he vivido, la cultura está llena de ofrendas intemporales. Cada día está marcado por una serie de rituales, música, rezos y bailes. Las personas hacen pausas sagradas en sus tareas, de la soleada mañana a la noche. No son aficionadas a leer libros espirituales. Un viejo me explicó: «No leemos libros, leemos las estrellas». Al contemplar el cielo nocturno, el gran arco de la Vía Láctea, retornas al eterno misterio.

En el mundo moderno, con su aire acondicionado y sus coches, sus ordenadores y sus hospitales ultralimpios, nos hemos olvidado de la naturaleza y el misterio. A nuestra potente medicina moderna, con sus antibióticos, sus imágenes de resonancia magnética y su cirugía, le faltan cosas importantes. Como escribe la sanadora y autora Loren Slater:

En esta época de gestión de servicios sanitarios, se hace más hincapié en la medicación y la mejora rápida de los síntomas, el trabajo a corto

plazo y la privatización de clínicas con fines lucrativos que sobre la
maravillosa y misteriosa alquimia que constituyen los saludables vín-
culos entre las personas y dentro de ellas, los vínculos que alivian
[nuestros] terrores y nos ayudan a sanar.

Sus palabras nos recuerdan las bendiciones que nos aporta el cuidado de la vida conforme discurre. La libertad se alcanza no a través de las prisas y distracciones, sino viviendo aquí y ahora. El mindfulness nos muestra que es el único lugar donde debemos estar. Vivir en el presente no niega la capacidad humana de atender nuestras responsabilidades. Es saber que todo sucede ahora. Al margen del bagaje que portemos, nuestras dificultades, problemas y preocupaciones, la mejor forma de afrontarlos es estando presente aquí y ahora. En este momento, podemos aceptar nuestras tareas y preocupaciones y afrontarlas con nuestro corazón.

Amante del momento

Mientras sostienes este libro en las manos, respira hondo. Deja que tu mente se calme y tu corazón se suavice. Estás aquí, en la inmensidad y la eternidad. Puedes abarcarlo todo con sabiduría. Un poeta tibetano lo describe así:

Una mano sobre la belleza del mundo,
la otra sobre el sufrimiento de todos los seres,
y los dos pies plantados en el momento presente.

Hace unos años, con motivo de una conferencia celebrada en Washington DC sobre la compasión, un canal de televisión entrevistó al dalái lama. Con las grandes cámaras y los focos enfocados sobre él, el presentador de los servicios informativos describió la conferencia y comentó que el libro del dalái lama *El arte de la felicidad* había permanecido muchos meses en la lista de superventas del *New York Times*. Buscando un detalle interesante para la entrevista, el presentador preguntó:

«¿Podría decir a nuestros espectadores cuál ha sido uno de los momentos más felices de su vida?»

El dalái lama se detuvo para reflexionar, con ojos chispeantes, y contestó riendo:

«Creo que ahora».

Vivir en el presente te libera de las cargas que te agobian. No te preocupes demasiado. Puedes visualizar y reconocer las complejidades de tu vida, pero hazlo en el presente, para no perder la vitalidad de la vida. André Gide, el escritor francés que obtuvo el Premio Nobel, confesó: «Para ser completamente feliz, lo único que debes hacer es abstenerte de comparar este momento con otros momentos». Mira a tu alrededor. Observa a las personas, la escena, siente el calor de tu cuerpo, siente tu estado de ánimo y los latidos de tu corazón. Si estuvieras en peligro de morir, ¿qué no darías por un momento como este? Respira. Atesóralo. Sonríe.

Conviértete en un amante del momento. Francia, célebre por su excelente cocina, se ha resistido a la comida rápida y celebra el movimiento de «comida lenta». Para parafrasear a las Pointer Sisters, «quiero un amante con mano lenta y toque suave». Tú también puedes ser una amante del presente. Esto no significa que el ahora no pueda incluir rapidez, confusión, ambición, *running*, la competición creativa y el alegre desenfreno. Por supuesto que sí. El ahora lo abarca todo.

No obstante, para abrir tus sentidos y tu corazón es preferible tomarte las cosas con calma. Una poetisa que vive en mi barrio, Barbara Ruth, explica: «En cierta ocasión recorrí a pie los diez kilómetros desde mi casa hasta Kent Lake en menos de cuatro horas, pero no fue mi mejor tiempo. Mi mejor tiempo personal es ocho horas y quince minutos. Esto comprende un rato descansando junto a una lagartija que tomaba el sol en una roca; anotar un sueño que recordé en el monte Barnabe; escuchar un maravilloso pájaro carpintero golpeando con su pico el árbol que alberga el nido del quebrantahuesos».

Esto es para ti

Vivir en el aquí y ahora procura belleza y misterio. Observa cómo juegan los niños. Saben que sus padres los llamarán para que regresen a casa, pero se entregan totalmente a sus aventuras. A ti también te llamarán, como a todos. Pero de momento, ¿por qué no vives plenamente despierto? Si habitas el presente con plenitud, puedes plantar las semillas de un futuro que se desarrollará en la correspondiente estación.

El antropólogo Gregory Bateson cuenta la historia de una de las facultades más antiguas de la Universidad de Oxford:

La magnífica sala principal fue construida a principios del siglo XVII, con vigas de roble de doce metros de longitud y casi metro y medio de ancho. Hace poco empezaron a pudrirse, y los administradores no conseguían hallar robles ingleses lo bastante grandes para sustituir las vigas. Un joven miembro de la facultad sugirió: «¿Por qué no preguntamos al guardabosques de la facultad si algunas de las tierras cedidas a Oxford contienen los suficientes árboles para utilizarlos?» Llamaron al guardabosques, quien les informó: «Me extrañaba que no me lo preguntaran. Cuando construyeron la presente sala, hace trescientos cincuenta años, los arquitectos especificaron que debían plantar una arboleda y conservarla para sustituir a las vigas del techo cuando se pudrieran».

Bateson comentó: «Así es como debe administrarse una cultura».

Vivir en el ahora libera tu corazón para transformar todo cuanto tocas. Como escribió William Butler Yeats, cuando estás plenamente presente «los otros viven una vida más definida, quizás incluso más intensa». Cada momento de presencia es un acto de valentía. Tanto si te produce lágrimas como alegría, vivir en el presente te ofrece un preciado don, la benevolencia de encontrarte en tu casa en este misterioso universo.

David Armitage cuenta que había emprendido un riguroso programa académico de seis años en Boston que requería que trabajara a tiempo completo durante el día, asistiera a clase por la noche e hiciera deberes los fines de semana.

«El primer verano en que me tomé unas vacaciones —dice— quise alejarme lo máximo posible de mis estudios, trabajar con las manos y sentirme próximo a la tierra. De modo que fui a vivir con una familia amish en Pensilvania. La experiencia me renovó, y decidí repetirla el verano siguiente.

»Ese año, fui en coche desde Boston a Pensilvania para pasar el fin de semana, y lo que solía ser un trayecto de seis horas me llevó más de diez. Cuando llegué, poco antes del anochecer, estaba estresado y agotado.

»Mis anfitriones amish habían retrasado la cena por mí. Durante esta traté de comportarme con naturalidad, pero estaba muy nervioso. Mi anfitrión amish debió de notar que me pasaba algo, porque cuando terminamos de cenar me dijo: "Ven conmigo".

»Le seguí hasta el jardín trasero, que lindaba con un campo de alfalfa. Aunque su fe le prohibía fumar, el granjero encendió un cigarrillo. Tres de sus hijos se pusieron a jugar mientras otros dos se agarraban a sus piernas. El granjero permaneció sin decir una palabra, contemplando el campo de alfalfa, y yo hice lo propio.

»Era difícil ver el campo verde oscuro en la penumbra. El cielo presentaba un color melocotón en el horizonte y azul intenso en lo alto. Habían aparecido estrellas. De pronto, del campo de alfalfa se alzaron unas luciérnagas, al principio unas pocas, pero al cabo de unos momentos había centenares. Sus diminutas manchas de luz se mezclaban con las estrellas: el cielo y la tierra se habían unido en el jardín trasero de este humilde granjero. Sentí que mi nerviosismo desaparecía.

»El granjero se volvió y dijo: "Esto es para ti".»

La presencia de la eternidad se encuentra donde estás tú. Cada paso, cada palabra, cada aliento es una invitación. Concédete el don del silencio, de escuchar. Ve al bosque, a las montañas, pasea junto a un serpenteante río o junto al mar, siempre cambiante. Observa con atención el centenar de tipos de árboles con hojas. Sigue el delicado vuelo de los pájaros. Maravíllate ante el extraño modo de andar de los bípedos humanos. Escucha la risa de los niños. Cuando tengas problemas, recuerda que el mundo te llama con una historia más grande. Te invita a la inmensidad y la libertad.

PRÁCTICA

Ábrete a la intemporalidad

Siéntate cómodamente, de forma que te encuentres a gusto. En esta práctica, debes utilizar la conciencia benevolente e intemporal y convertirte en lo que Ajahn Chah denominaba «la que sabe», la testigo de todas las cosas.

Siéntete digno y relajado, y siente cómo ocupas tu asiento en el extremo silencioso del mundo que gira. Deja que las experiencias, las sensaciones, los pensamientos, los sonidos y las imágenes aparezcan como agua que cae de una fuente o imágenes en una pantalla. Recuerdos emotivos, atardeceres luminosos, todas tus alegrías y dolores se muestran en una creativa exposición, apareciendo y desapareciendo.

Siempre es ahora, el eterno presente. Como un niño que juega en el jardín, sabes cómo salir del tiempo. Observa cómo el tiempo, los relojes, los calendarios, el futuro, el pasado, los planes y los recuerdos son ideas creadas por la mente. Cambia el foco de tu atención. Descansa como la conciencia benevolente intemporal, «la que sabe». Todo cuanto aparece son simples movimientos en el espacio que no pueden afectar la base de la eternidad.

Siente la inmensidad. Las galaxias giran en el universo intemporal, la vida se renueva una y otra vez. No es tu cuerpo, sino el cuerpo de la eternidad, conocido por la conciencia eterna.

Siempre es ahora. Respira.

Descansa en el vasto silencio. Confía.

Y cuando te levantes, deja que tus acciones surjan del silencio. Cuando descansas en la eternidad, sabes de modo instintivo cómo responder, crear, encarnar. Pero las acciones provienen de «la que sabe». Lao Tzu, el sabio taoísta, dice: «No te muevas hasta que la acción justa aparezca por sí sola».

Segunda Parte

Obstáculos en el camino a la libertad

Dios nos envía la cura. La enfermedad ya la tenemos.

TEVYE, EN *EL VIOLINISTA EN EL TEJADO*

5

Temor a la libertad

A menudo la gente prefiere un régimen
dictatorial limitado a afrontar la ansiedad de la libertad.

Jean-Paul Sartre

Junto a la alegría de la libertad está el miedo a lo desconocido. La libertad puede ser emocionante e inquietante. Es un conflicto profundamente enraizado. Cuando un conejo corre por el campo, tiene que estar pendiente del halcón. Los cazadores-recolectores temían alejarse demasiado, pues sabían que podían toparse con animales salvajes o enemigos de otros clanes. El sargento James Walker partió como voluntario para Irak en cuatro ocasiones, no sólo por la camaradería, la intensidad, la sensación de estar vivo y formar parte de algo importante, sino también porque «era más complicado quedarme en casa y afrontar las difíciles decisiones que te obliga a tomar la vida fuera del ejército».

Traumas, temor y libertad

El temor a la libertad puede presentarse en numerosas circunstancias. A veces está ligado a un trauma no resuelto. En momentos de peligro, accidente o conflicto se activa nuestro mecanismo de «lucha, huida o inmovilización». El instinto de supervivencia humano es tan fuerte que nuestro cuerpo y nuestra mente asumen una respuesta protectora automática. En momentos traumáticos, nuestra mente consciente no nos permite asimilar la angustiosa experiencia por completo. Por lo tanto, el trauma puede quedar bloqueado y persistir durante mucho tiempo después del evento. Los recuerdos traumáticos quedan fijos en nuestro cuerpo, donde desencadenan recuerdos dolorosos y el temor a pasar a la acción o a amar. El trauma puede quedar bloqueado por la negación, una adicción u otros patrones negativos. Somos como el oso en un parque zoológico local que estuvo quince años paseándose de un lado a otro por su jaula. Cuando el zoológico amplió el hábitat de los osos, creando un recinto más extenso con un estanque y árboles, el pobre oso continuó paseándose por los mismos cinco metros por los que se había movido durante años.

Para liberarte del trauma es necesario que halles una fuente de estabilidad interior desde la que puedas acceder al lugar donde están alojados el dolor y el temor. Esto puede ser tan simple como percibir un punto de tu cuerpo del que emane una sensación sosegada, fuerte e imperturbable: las plantas de los pies, los huesos de tus posaderas, tus fuertes hombros. O puedes conseguirlo invocando un recuerdo de libertad y bienestar en un lugar especial en la naturaleza, o cuando te sentías a salvo y amado con tus abuelos, o en cualquier otro lugar seguro donde hayas estado. A menudo, cuando te enfrentas a un trauma, para evitar sentirte agobiado necesitas también el apoyo y la presencia de otra persona. Luego, cuando hayas hallado un lugar de estabilidad interior y cuentes con el apoyo necesario para abordar con delicadeza el trauma, poco a poco puedes sentir su dolor, escuchar su historia y liberar al cuerpo de su dominio. Esta aproximación progresiva permite a tu sistema nervioso traumatizado asimilar el pasado sin sentirse traumatizado y alcanzar paso a paso la libertad.

Resolver un trauma puede requerir tiempo y una reiterada disposición a experimentar y procesar una herida que no se ha cerrado. Lloyd Burton, un veterano de Vietnam que en la actualidad es un maestro budista, utilizó el mindfulness y el amor benevolente para sanar de la guerra. Lloyd describe un retiro contemplativo donde halló la redención de las terribles atrocidades que había presenciado como soldado.

Serví como enfermero en la Infantería de Marina en los primeros días de la guerra, apostados en las provincias montañosas en la frontera de lo que entonces era Vietnam del Norte y del Sur. Nuestro índice de bajas era muy elevado, al igual que el de los aldeanos a los que atendíamos cuando las circunstancias lo permitían.

Después de regresar a casa, tuve una pesadilla recurrente al menos dos veces por semana. Soñaba que estaba de nuevo en Vietnam, enfrentándome a los mismos peligros, presenciando el mismo indecible sufrimiento, hasta que me despertaba bruscamente, alerta, sudando y aterrorizado. Esto duró ocho años, hasta que asistí a mi primer retiro de meditación.

Durante el retiro, las pesadillas afloraban en mi imaginación no sólo por las noches, sino también de día, durante las reuniones, los paseos para meditar y las comidas. Los horrendos recuerdos de la guerra se superponían en la apacible arboleda del centro de retiro. Los somnolientos estudiantes en la residencia se convertían en cadáveres diseminados en una improvisada morgue en la zona desmilitarizada. Mientras revivía estos recuerdos, sufrí por primera vez el pleno impacto emocional de las experiencias que había vivido trece años atrás, como un joven enfermero de veinte años. No estaba preparado para soportarlo. Mi mente recreaba unos recuerdos atroces, inhumanos, corrosivos para el espíritu que yo ignoraba que conservaba aún. Al enfrentarme abiertamente a lo que más temía y había reprimido con todas mis fuerzas, empezó a producirse una profunda catarsis.

Me había atormentado el temor de que, si dejaba que los demonios interiores de la guerra afloraran, me consumirían, pero experimenté lo contrario. Poco a poco las visiones de amigos muertos y niños desmembrados dieron paso a otras escenas que recordaba a medias: la fascinante e intensa belleza de la selva, un millar de tonalidades de verde, la fragante brisa que soplaba sobre unas playas tan blancas y resplandecientes, que parecían tapizadas de diamantes. Lo que también afloró fue un profundo sentimiento de perdón por mi yo pasado y presente: compasión por el joven e idealista sanador en ciernes obligado a presenciar las indecibles obscenidades que la humanidad es capaz de cometer, y por el atormentado veterano de guerra que no se había despojado de unos recuerdos que ni siquiera reconocía que conservaba.

La compasión ha permanecido conmigo. Y mediante la práctica y una continua relajación interior, ha crecido para abarcar también a quienes me rodean, cuando me siento lo bastante libre para permitir que suceda. Aunque sigo conservando todos los recuerdos, las pesadillas han desaparecido. Mis últimos y angustiados gritos se produjeron en silencio, cuando estaba despierto, en un retiro en el norte de California, hace muchos años.

Tú también puedes abrirte a la libertad después de un trauma mediante la compasión.

Autoodio

El temor a la libertad está profundamente enraizado. A menudo aflora junto con la sensación de autodesprecio. Hace muchos años, fui con un grupo de maestros de meditación occidentales a reunirnos con el dalái lama. Le pedimos consejo sobre la forma de resolver el autoodio y la frecuente sensación de ser indignos que experimentaban los estudiantes occidentales. «¿Autoodio?», preguntó el dalái lama, incapaz de comprender el concepto. Al parecer, es tan raro en el Tíbet que no tienen un término para describirlo. Nos preguntó cuántos maestros habían experimentado este sentimiento. Muchos alzamos la mano. Al cabo de unos minutos, después de consultar con su traductor para asegurarse de haber entendido lo que le habíamos dicho, el dalái lama nos miró con profunda compasión. «¡Pero esto es un error!», exclamó.

El autodesprecio, el autoodio, la vergüenza y la culpa constituyen una forma de esclavitud interior. Considerarnos indignos o irremisiblemente imperfectos, odiarnos a nosotros mismos, es una forma de tortura interior que paraliza nuestro espíritu. Incluso la mínima sensación de ser indignos puede bloquearnos. La liberación de esta esclavitud, como describe Lloyd Burton, empieza con coraje y amor. Debemos desarrollar los sentimientos de compasión y ternura hacia nuestra propia vida.

Practicar la autocompasión es una magnífica forma de sanar la vergüenza, el autodesprecio y el autoodio. La base de la autocompasión es el mindfulness, una conciencia clara e imparcial de lo que experimentamos en el momento presente: la dureza con que nos juzgamos, la vergüenza o el autoodio, por ejemplo. Podemos empezar siendo conscientes del efecto que estos estados como el autodesprecio y la vergüenza causan en nuestro cuerpo, el dolor que comportan, la ansiedad, el sufrimiento, el temor, la adicción y otras emociones análogas, junto con las historias que narran. Tienes tantas ideas e ideales sobre cómo deberías ser que crean una cascada de formas insanas de juzgarte a ti mismo, en lugar de cuidar de ti y amar a la persona que eres.

A continuación, debes completar esta respetuosa presencia de mindfulness con compasión y ternura hacia el dolor y el sufrimiento que padeces. A veces resulta útil recordar la primera vez que asumiste estos dolorosos patrones y pensamientos, e imaginar que te abrazas con la ternura de un niño. Puedes evocar una y otra vez este abrazo respetuoso y tierno con compasión. Puedes recitar para tus adentros frases como «Yo me atesoro» y «Soy digno de amor», o apoyar la mano sobre tu corazón e imaginar la compasiva caricia que recibirías de la Madre Teresa o del dalái lama.

Mientras sientes esta autocompasión, reflexiona también sobre tu humanidad común. Eres humano. Como todos los humanos, experimentarás placer y dolor, elogios y reproches, dificultades y tranquilidad, éxitos y fracasos, alegrías y tristezas. Recuerda que muchas otras personas en el mundo experimentan los mismos problemas. Los humanos somos así. Con compasión y atención podemos forjarnos una vida empoderada, sana y benevolente.

Querer complacer a los demás

Olivia era una conocida diseñadora cuya vida profesional la absorbía en exceso. Le costaba conciliar el sueño y sus relaciones se habían deteriorado. Apenas tenía tiempo para conectar con Fabien, su compañero, y a menudo se mostraba irritada con su hija adolescente, Joanna. Decidió practicar el mindfulness, pero le resultaba difícil permanecer sentada en silencio; quería salir huyendo. Se sentía bloqueada, de modo que vino a verme. Una voz interior autocrítica le exigía que trabajara más. Y aunque sabía que era una trampa se sentía avergonzada, indecisa, temerosa de que su negocio se fuera a pique, y culpable por no estar presente para Joanna y Fabien. Mientras experimentaba estos sentimientos, le asaltó el temor. «Tengo miedo de decepcionar a todo el mundo, incluso a mí misma», dijo, y rompió a llorar.

Le pregunté cuándo había empezado a sentir este temor. Olivia abrió los ojos, asombrada al recordarlo, y respondió: «Cuando tenía tres años». Sus padres no le demostraban afecto. Su padre viajaba con frecuencia; su madre era una mujer egocéntrica, que se sentía desdichada y era alcohólica. Olivia había tratado de complacer a sus padres, pero lo único que había recibido a cambio era un trato despectivo y reproches. Ahora, a sus cincuenta y un años, se daba cuenta de que se había pasado la vida tratando de obtener la aprobación de los demás.

«Contempla a esta Olivia de tres años y acógela en tu corazón», le aconsejé.

Su rostro se suavizó de inmediato y sus ojos se humedecieron.

«Sólo quería que me amaran —dijo, echándose a llorar—. Llegué a pensar que yo tenía la culpa de lo que me sucedía. Todavía me siento insignificante y avergonzada. Me he pasado la vida tratando de complacer a todo el mundo.»

Abrazándose como si fuera una niña, Olivia aprendió a practicar la compasión hacia sí misma, a reconocer el dolor que llevaba dentro y la dureza con que se juzgaba a sí misma. Poco a poco empezó a dejar que el amor penetrara en su corazón.

Este proceso, que duró varias semanas, hizo que Olivia pasara revista a toda su vida profesional y familiar. Comprendió que su complejo de ser indigna la había impulsado hacia el éxito, y que en el proceso había abandonado los tiernos sentimientos hacia su hija y su paciente compañero. Por fin comprendió lo mucho que la amaban, y casi al instante se sintió libre para amarlos a ellos. Se sentía eufórica.

«Puedo llevarlos de vacaciones. Si no me siento como una niña de tres años, puedo trabajar más o no, ampliar mi negocio o venderlo. Puedo hacer lo que quiera sin sentirme despreciable.»

¿Qué recuerdos tienes de querer complacer a los demás? ¿Han influido de modo decisivo en tu vida? Cuando veas la forma en que tú mismo te limitas, acéptalo con ternura y compasión, respira hondo y piensa que eres libre de buscar una nueva forma de ser.

Temor a fracasar

Gandhi dijo: «La libertad no merece la pena si no incluye la libertad de cometer errores». No temas cometer errores. Sal de tu caparazón. Vuela. Aunque te quemes, puedes volver a caer sobre la tierra y empezar de nuevo. Dogen, el maestro zen, decía riendo que la vida era «un continuo error». Sí, existe el temor a hacer el ridículo, pero más adelante, cuando repases tu vida, ¿lamentarás no haber dejado de hacer ciertas cosas? No lo creo.

A veces limitamos nuestra libertad porque pensamos que nos sentiremos abrumada por ella. O pensamos que no la merecemos. O tememos que nuestro ego nos lleve por mal camino, que el éxito se nos suba a la cabeza y tratemos de volar demasiado alto. Tememos que, si nos comportamos libremente y expresamos nuestra auténtica libertad, nos quemaremos o nos precipitaremos al vacío, como en el mito de Ícaro. Nos impedimos a nosotros mismos sentirnos «demasiado libres».

Todos tropezamos. En el ritmo ordinario de la vida, trastabillamos y aprendemos de nuestro sufrimiento. A veces nos preocupa nuestra tendencia a querer abarcar demasiado, forjarnos planes grandiosos, soñar visiones exageradas de nuestro futuro. Otras, nos sentimos incompetentes o indignos. Reconoce estos temores con benevolencia. Pero no sigas sus consejos.

Carl se sentía confundido y bloqueado cada vez que practicaba la meditación. Cuando practicábamos juntos, le asaltaba el temor. Le pedí que acogiera este temor acuciante, que le prestara una atención benevolente y observara los efectos que causaba en su cuerpo. Luego le invité a dejar que aflorara un recuerdo clave asociado con este temor. En su mente apareció la imagen de un día en el instituto, jugando al fútbol, cuando le fracturó sin querer el brazo a un rival. Carl se echó a llorar. Había algo en él que temía herir de nuevo a alguien. Le sugerí que aportara compasión a este temor de abusar de su poder y causar dolor a otros. Era obvio que Carl sentía aprecio por los demás. De modo que le pedí que honrara este aprecio hacia los demás y hacia sí mismo sin dejar que se convirtiera en temor.

La vida moderna nos ofrece numerosas posibilidades y en ocasiones tememos hacer una elección *equivocada*. Escucha a tu corazón y consulta con tu cuerpo y tu cabeza. Luego experimenta, da un paso adelante, aprende, descubre, crece. Puedes gozar también de los errores, forman parte del juego. Lo único que debes hacer es obrar con la mejor intención, reconociendo que no puedes controlar los resultados.

No saber, una célebre práctica zen, transmite la verdad de la vida. Al obrar con libertad, cedes el control del resultado y dejas que tu espíritu único se sumerja en el misterio.

Obrar correctamente

Mi amiga la doctora Rachel Remen, autora del superventas *Historias para crecer, recetas para sanar,* cuenta una historia sobre David, un médico residente en el pabellón de sida en el Hospital General de San Francisco a principios de la década de 1980. Fue durante la epidemia de sida, antes de que existieran los inhibidores de la proteasa y otros fármacos para combatir la enfermedad, por lo que casi todos los enfermos de sida morían. Muchos de los pacientes de David eran hombres jóvenes, aproximadamente de su edad, personas cuyas vidas eran muy importantes para él. David confiaba en que su formación médica le procurara los conocimientos necesarios para curar a sus pacientes, pero durante buena parte de su residencia se sintió abrumado por el sentimiento de que todo cuanto hacia era inútil.

Se da la circunstancia de que David es budista y tiene la costumbre de rezar por sus pacientes. Incluso ahora, cuando un paciente muere, enciende una vela en el altar de su casa, que mantiene ardiendo durante cuarenta y nueve días. Durante el tiempo que trabajó en el Hospital General de San Francisco, rezaba todos los días por cada joven que fallecía, encendiendo una vela por él en su altar. Años más tarde, pensó que quizá la razón de que se hallara allí no era con el fin de curar o rescatar a sus pacientes, sino para que nadie muriera sin que alguien rezara por él. Quizá, pensó, había servido a sus pacientes correctamente.

William McFee escribe: «Si el destino quiere que pierdas, no te rindas sin luchar». No te preocupes cuando la libertad te inspire temor. En la Biblia, los ángeles de la luz siempre se aproximan con las palabras «No temas». El maestro zen y psicoterapeuta alemán Karlfried Durckheim dice:

La persona que, habiendo emprendido el Sendero, atraviesa una mala racha en el mundo no recurre al amigo que le ofrece refugio y consuelo y anima a su viejo yo a sobrevivir. Busca a alguien que le ayude fiel e inexorablemente a levantarse, para hacer frente al problema y resolverlo con coraje. Sólo en la medida en que una persona se expone una y otra vez a la aniquilación puede hallar en su interior eso que es indestructible. En este desafío reside la dignidad y el espíritu del despertar.

El filósofo Bertrand Russell va más allá: «Uno debe respetar la opinión pública en tanto es necesario evitar morirse de hambre y acabar en prisión, pero todo lo demás es someterse de forma voluntaria a una innecesaria tiranía». Martha Graham matiza: «Ningún artista va por delante de su tiempo. Él es su tiempo».

Nadie ha vivido tu vida antes que tú. Es una aventura que merece la pena vivir.

Déjate llevar por el viento

Tanto si atraviesas una mala racha como si el éxito te sonríe, pueden aflorar los mismos temores y peligros básicos. Nadie está exento de ello.

Hace unos años, me invitaron a enseñar el arte de mindfulness y compasión a todo el cuerpo estudiantil del Stanford Graduate School of Business. Me habían informado de que muchos estudiantes, aunque brillantes, estaban tan atareados con sus estudios académicos, mientras planeaban incorporarse a los niveles más altos de la vida corporativa, que habían perdido contacto con ellos mismos, sus amigos, su familia y los aspectos más importantes de la vida humana. Yo comenté en broma al profesor y al decano: «Al parecer, necesitan rescatar su alma», y ellos asintieron riendo. Configuré un equipo formado por importantes CEO y líderes empresariales, amigos que habían tenido que afrontar y resolver el tremendo estrés que les producía su cargo utilizando las prácticas de mindfulness y amor benevolente. Juntos les enseñamos a los estudiantes prácticas de compasión e historias relacionadas con el tema.

«Me siento inspirado por todo lo que hemos aprendido aquí —dijo un estudiante—, pero permítanme que les pregunte sin rodeos: ¿es posible que a pesar de ello no me sienta feliz?» La inocencia y la sinceridad de la pregunta —y la revelación que suponía para él— nos hizo reír. Luego ayudamos a los estudiantes a visualizar una vida juiciosa y equilibrada con trabajo, creatividad, amor y sentido de lo sagrado. Observamos que esta visualización era sólo el principio. Tenían que seguir valorando lo que habían visto. Tenían que hallar prácticas y hacer elecciones dirigidas a crear una vida saludable. No podrían controlar la economía, pero *esta* forma de éxito estaba en sus manos.

Acata los valores de tu corazón y no te resistas a dejarte llevar por el viento. Tanto si estás inmerso en los trámites de un divorcio como en un desastre económico, una pérdida, una muerte o a punto de alcanzar un gran éxito, procura sacar provecho de ello. Nuestras vidas son impredecibles, pero siempre podemos elegir. Somos libres para responder en todo momento. Aunque te sientas angustiado, a menudo el temor preludia un evento emocionante. Siente la vitalidad de la vida, experimenta la evanescencia alegre y dolorosa de la vida y responde con todo tu espíritu.

Como nos recuerda Zorba, el Griego: «La vida es un gran problema. Sólo la muerte no lo es. Estar vivo significa que desde que te desabrochas el cinturón te buscas un problema». La libertad te ofrece la oportunidad de vivir con plenitud cada día, fiel a tu espíritu y tus dones. No temas los elogios o los reproches. Y tanto si se trata de la libertad externa como de la interna, o de ambas —puesto que van juntas—, sabes que puedes elegir ser feliz.

En nuestra ajetreada y excesivamente conectada sociedad hay mil cosas que distraen nuestra atención. Todos los días nos desayunamos con las noticias del mundo y nuestro teléfono inteligente. Los científicos calculan que el *New York Times* contiene a diario más información que la que un individuo del siglo XVI recibiría en toda su vida. Es fácil sentirnos agobiados por nuestros ronzales electrónicos que nos exigen tuitear, enviar, mensajear y consultar nuestro correo electrónico a todas horas.

Date un respiro. Haz una pausa. Cuando tu vida se hace demasiado complicada, recordar que eres libre puede producirte angustia. Sí, eres libre para elegir la actitud que quieres asumir hoy: sentirte agradecido, valiente, temeroso, amargado o amable. Pero, más que eso, eres libre —con todas sus consecuencias— para dejar tu trabajo, fundar un negocio, casarte o divorciarte, ganarte la vida como artista, adoptar a un niño, viajar a un lugar desconocido, cancelar tu cuenta de correo electrónico.

La libertad puede producir vértigo. Por fortuna, no tienes que tomar todas estas decisiones de golpe, ni ninguna de ellas. De hecho, ya has hecho unas elecciones. Pero *eres* libre para cambiar de rumbo. Tu vida es al mismo tiempo limitada y libre, con limitaciones y consecuencias. Acata la ley o terminarás en la cárcel. Conduce por el lado correcto de la carretera o terminarás en el hospital o muerto. La mejor forma de afrontar la enormidad de la libertad es calmar tu mente y escuchar a tu corazón. Tu corazón te ofrecerá una orientación benevolente y ponderada para ayudarte a hacer las mejores elecciones, con la comprensión más profunda y sincera.

Elija, un joven que había estado en la cárcel y en correccionales desde los trece años, explica el reto al que se enfrentaba. «Cuando cumplí veintiún años, salí con libertad vigilada. Me detuve en la esquina de la calle mientras el semáforo pasaba de rojo a verde y de nuevo a rojo. Me quedé ahí plantado, hasta que me di cuenta de que esperaba a que alguien me dijera que podía cruzar la calle. Los años que había permanecido encerrado me habían robado mi sentido de libertad interior. Entonces decidí inscribirme en un programa de meditación mindfulness. Tenía que recuperar mi libertad.»

Tú también puedes recuperar tu libertad. Simplifica. Apaga tus artilugios y escucha una pieza de Mozart. Reduce tu agenda, pasea por la naturaleza, minimiza tus compromisos. Puedes imaginar y crearte una vida basada en una mayor simplicidad voluntaria. Las preocupaciones y la imaginación agravan tu sensación de agobio. La visión de ti mismo como un ente separado te produce temor. Pero formas parte de esta red vital, de modo que no tienes que aferrarte a ella con desesperación. En definitiva, tú eres la misma conciencia. El maestro zen Philip Kapleau aseguraba a sus estudiantes, cuando sus límites empezaban a disolverse durante los retiros a los que asistían: «No podéis caeros del universo».

PRÁCTICA
Aborda las dificultades con una mente abierta y un corazón abierto

Esta práctica te ayudará a salir del temor y la dificultad, a descubrir que tú también llevas dentro de ti una sabiduría más allá del temor. Te demuestra que tu capacidad de visualizar y escuchar profundamente puede transformar tu corazón.

Siéntate cómodamente. Deja que tu respiración se calme y regrese al momento presente. Descansa un rato en silencio.

Ahora, imagina un problema presente en tu vida en el que están involucradas una o más personas aparte de ti.

Recuerda lo que sientes cuando estás inmerso en este problema. Visualiza en tu imaginación tantos detalles como puedas. ¿Dónde estás? ¿Con quién estás? ¿Estás de pie o sentado? ¿Hablando, actuando?

Ahora céntrate en cómo te sientes en esta situación. Observa las emociones y los estados anímicos que experimentas. Observa también tu nivel de tensión corporal o malestar y observa cómo sueles reaccionar en esta situación.

Ahora, observa lo que hacen o dicen los demás en esta difícil situación. Puesto que no es más que una visualización, estás a salvo, de modo que, aunque la hayas experimentado como algo doloroso o angustioso, sólo imaginas que te encuentras en esta situación.

Observa con atención plena cualquier sensación intensa que esté presente y nómbrala para tus adentros con delicadeza, «temor, temor», «dolor, dolor», «frustración, frustración». Observa con gran benevolencia la vulnerabilidad detrás de estas intensas sensaciones. Nombra las sensaciones que aparezcan y acógelas con conciencia benevolente. Todos somos seres tiernos, y todos somos seres valerosos.

Ahora, una vez inmerso en este problema, si estás en tu casa, oyes que llaman a la puerta. Si estás fuera, observas que una figura se dirige hacia ti. Vuélvete hacia la persona con la que estás en esta situación y di: «Discúlpame un momento».

Cuando abras la puerta o te vuelvas hacia la figura que se dirige hacia ti, descubrirás a un ser luminoso que ha venido a visitarte. Muéstrate sorprendido al ver quién ha venido: es una figura de gran compasión, comprensión y coraje. Puede ser el Buda o Kwan Yin, la Virgen María o Jesús, Salomón o Gandhi, o un abuelo sabio, un ser que representa la compasión y la sabiduría. Fíjate en quién aparece.

Ahora imagina que esta figura luminosa te saluda y pregunta: «¿Estás pasando por un mal momento?» Siente el calor y el afecto en su sonrisa. «Deja que te ayude. Te mostraré cómo resolvería yo este problema. Dame tu cuerpo, penetraré en él y asumiré tu aspecto. Tú puedes hacerte invisible y seguirme. Nadie se percatará de que he penetrado en tu cuerpo».

Ahora síguelo hasta el lugar del problema. Céntrate en la sensación que te produce su cuerpo cuando entras en él. ¿Con qué estado de ánimo y de corazón aborda este problema? Observa cómo escucha y responde. Visualiza o imagina cómo este ser luminoso aporta sabiduría y compasión a tus difíciles circunstancias. Deja que te lo muestre durante un rato.

Cuando haya completado lo que puede hacer, deja que se despida y síguelo hasta donde te encontraste con él.

Aquí, el ser luminoso te devuelve tu cuerpo y asume su forma original. Antes de irse, te ofrece un don. Mete la mano en su túnica y saca un regalo, un claro símbolo de lo que debes hacer para resolver este problema. Si te cuesta comprender el símbolo o no está claro, sostenlo debajo de la luz. Mira lo que es. Tú debes saber lo que es.

Por último, este ser luminoso te toca con suavidad y te susurra al oído unas palabras de consejo. Escucha, imagina o piensa en sus palabras.

Después de recibir su consejo y su regalo, da las gracias a la figura que te ha ayudado y deja que se marche. Abre los ojos y regresa al presente.

Es un descubrimiento asombroso saber que estos seres luminosos y sabios pueden aparecer en cualquier momento. Su sabiduría y su coraje están siempre a tu disposición. La sabiduría y el coraje son tu patrimonio. Siempre los llevas dentro de ti. En este momento están en ti.

Ahora dedica un momento a reflexionar sobre la forma en que ese ser luminoso ha abordado tu problema y lo que has aprendido de él. ¿Con qué espíritu lo abordó? ¿Cómo escuchó y respondió? Anota las sabias palabras que te ha ofrecido y lo que has entendido sobre el regalo que te ha hecho.

Mientras reflexionas, recuerda qué sintió tu cuerpo cuando afrontaste el problema por primera vez. ¿Había tensión, rigidez, temor, tristeza, confusión? Ahora recuerda qué sintió el cuerpo de esta sabia figura al penetrar en el problema. La sabia figura aporta una sensación de relajación física, equilibrio, benevolencia. Es como si ya supieras lo que sientes al afrontar tus problemas más complicados con benevolencia y una mente abierta, coraje y sabiduría.

Cuando dediques unos momentos a calmar tu mente y escuchar profundamente, las soluciones que necesitas te serán reveladas. La sabiduría que buscas está dentro de ti.

6

Perdón

Si quieres volar, tienes que soltar el lastre
que te lo impide.

Toni Morrison, *Canción de Salomón*

El desengaño, la traición y la pérdida de confianza nos afectan a todos. No eres el primero ni el último que los sufre. La traición forma parte del drama humano; estás en compañía de millones de personas que experimentan tu misma angustia. Cuando ocurre, duele. El dolor emocional se registra en las mismas áreas del cerebro que el dolor físico. Pero la traición, la pérdida, la amargura, el pesar, la ansiedad, la indignación, el vacío, la opresión y la congoja que acompañan ese dolor no son el fin de la historia. Constituyen un capítulo duro. Sentir la universalidad de ese dolor aporta cierto sosiego y perspectiva. Ese dolor no es sólo tuyo. Es uno de los dolores de la experiencia humana, y requiere de tu sabiduría y tu compasión más profundas para sanar. Y requiere que aprendas a perdonar.

Perdónate a ti mismo y al otro

Cuando mi matrimonio de casi treinta años terminó, me sentí conmocionado y perdido. Liana había sido el amor de mi vida y yo estaba convencido de que permaneceríamos casados hasta el fin de nuestros días. Pero durante la década después de que nuestra querida hija iniciara sus estudios universitarios empecé a viajar con más frecuencia y mi esposa me dijo que quería dedicar más tiempo a pintar y a ocuparse de sus cosas. Nuestras necesidades eran distintas, e incluso cuando estábamos juntos era evidente que no nos hacíamos felices. Yo abrigaba la falsa esperanza de que, si me esforzaba más en hacerla feliz (una estrategia errónea), yo mismo me sentiría más feliz. Al final, decidimos que lo mejor era separarnos.

Esto marcó el comienzo de un largo proceso interior. Empecé a analizar de forma reiterada los treinta años que habíamos estado juntos. Quería comprender los aspectos positivos y en qué me había equivocado. A veces, al echar la vista atrás, lo hacía impulsado por un afán obsesivo, otras me sentía confundido o furioso. Tuve que echar mano de mis años de entrenamiento en mindfulness y compasión para capear esos años dolorosos y aprender a perdonarme a mí mismo por mis errores, expectativas y proyecciones. También tuve que aprender a perdonar a mi exesposa. El proceso requirió una práctica profunda y repetida, pues, tan pronto como lograba perdonarme a mí mismo o a ella por un fallo, afloraba otro recuerdo o problema, hasta que respiraba hondo, me sumergía en el dolor y decía: «Esto, también».

Aunque tuve que someterme a un profundo proceso de analizar y sentir cada pérdida y honrar todos los pormenores de nuestro matrimonio y su fin, no bastó. Cualquier pequeño detalle me hundía en el sufrimiento; era como un ciclo interminable. Lo que el perdón me exigía era más grande y sabio. Tenía que aceptar toda la danza humana, todos los matrimonios y divorcios (en particular el mío), todas las formas humanas de amor con su idealismo y dolor, sus aspectos sublimes y sus fallos, su ternura y sufrimiento con afán de perdonar. A mí mismo, a mi exesposa, a todas las personas que habíamos conocido, con las que habíamos compartido nuestras vidas y a las que habíamos amado. Tenía que aceptarlo todo y entender que esto no me definía. En cierta ocasión me preguntaron: «¿Cómo puede divorciarse un maestro de mindfulness y amor benevolente?»

Como un ser humano.

De puertas afuera, a medida que nuestra vida evoluciona, asumimos multitud de identidades y papeles. Como escribió Shakespeare: «Durante su vida un hombre representa muchos papeles», mientras «andamos de un lado a otro, preocupados, durante la hora que permanecemos en escena». Nos enseñan a representar los papeles que se nos asigna año tras año: de hijo y estudiante, empleado y amante, padre y profesional, paciente y sanador. Pero estos papeles no son nuestras auténticas identidades. Y podemos aprender a ver más allá de ellos.

Tu historia no define tu espíritu

Ram Dass, un conocido maestro de la práctica hindú, nació en el seno de una familia judía. Un día, un estudiante que asistía a sus clases le preguntó por qué había rechazado el judaísmo. Ram Dass respondió que sentía gran respeto por las enseñanzas judías, y admiraba en especial las tradiciones místicas del jasidismo y la cábala. «¡Pero ten presente —dijo— que sólo soy judío por parte de mis padres!»

Nuestra historia familiar no nos define. Sujatha Baliga, una antigua abogada de oficio, es ahora directora del proyecto de justicia restaurativa del Consejo Nacional de Delitos y Delincuencia en Oakland. Nació y se crio en Shippensburg, Pensilvania. Sus padres eran inmigrantes indios y ella era la hija menor del matrimonio. Sujatha recuerda que su padre empezó a abusar sexualmente de ella cuando era muy pequeña. De joven adolescente, se teñía el pelo de color azul y se autolesionaba. Luego, al cumplir los catorce, dos años antes de que su padre muriera de un infarto, Sujatha comprendió la causa de su sufrimiento: lo que su padre había hecho era una terrible maldad.

Pese a los tormentos de su infancia, Sujatha era una magnífica estudiante. Mientras estudiaba en Harvard las asignaturas necesarias para empezar la carrera de Derecho decidió que quería ejercer la carrera de fiscal y meter en la cárcel a las personas que abusaran sexualmente de menores. Cuando terminó los estudios en Harvard, se mudó a Nueva York y trabajó con mujeres maltratadas mientras esperaba que respondieran a su solicitud de ingreso en la Facultad de Derecho. Cuando su novio obtuvo una beca para fundar una escuela en Mumbai, decidió acompañarlo antes de comenzar su primer año en la Facultad de Derecho.

Durante su estancia en la India, Sujatha experimentó lo que describe como «una profunda crisis emocional». Recuerda que pensó: «Dios mío, tengo que recuperarme antes de empezar mis estudios de Derecho». De modo que decidió ir a Dharamsala, una ciudad en el Himalaya que acoge a una extensa comunidad tibetana en el exilio. Allí los tibetanos le contaron «historias terroríficas de cómo habían perdido a sus seres queridos mientras intentaban huir del ejército chino invasor —me dijo—. Las mujeres eran violadas, los niños eran obligados a matar a sus padres…, unas historias atroces. Yo les pregunté: "¿Cómo es posible que hayáis sobrevivido a esos horrores y encima sonriáis?" Y todos respondieron: "Porque hemos perdonado". Ellos me preguntaron a mí: "¿Por qué estás tan furiosa?" Y cuando se lo expliqué, me dijeron: "Eso es una locura"».

La familia que regentaba la pensión donde se alojaba Sujatha le dijo que la gente escribía a menudo al dalái lama pidiéndole consejo y sugirieron que ella hiciera lo mismo. Sujatha le escribió más o menos en estos términos: «La ira me está matando, pero motiva mi trabajo. ¿Cómo puedo trabajar en favor de personas oprimidas o que han sufrido abusos y malos tratos sin que la ira sea la fuerza motivadora?» Echó la carta al buzón junto a la puerta de entrada del recinto donde residía el dalái lama y le dijeron que regresara al cabo de una semana. Cuando regresó, en lugar de recibir una carta en respuesta, la invitaron a reunirse en privado con el dalái lama durante una hora.

Cuando se vieron, el dalái lama dio a Sujatha dos consejos. El primero fue que meditara. Ella respondió que podía hacerlo sin problema. El segundo, dice Sujatha, fue «que me pusiera en el lugar de mi enemigo, que pensara en abrirle mi corazón». Yo me eché a reír y contesté: «Quiero estudiar Derecho para encerrar a esos tipos en la cárcel. ¡No voy a ponerme en el lugar de nadie!» El dalái lama me dio una palmadita en la rodilla y dijo: «De acuerdo, entonces medita».

Sujatha Baliga regresó a Estados Unidos y se inscribió en un cursillo intensivo de meditación mindfulness de diez días de duración. Al principio tuvo que aprender a meditar sobre su sufrimiento y dolor. Luego, cuando aprendió la práctica formal del amor benevolente, consistente en meditar sintiendo compasión por nosotros mismos, por nuestros seres queridos, por los extraños y, por último, por las personas que nos han lastimado, su corazón se partió. El último día del cursillo tuvo una experiencia espontánea de perdón hacia su padre. Rompió a llorar, cesó en su afán de venganza y halló el coraje necesario para continuar su trabajo con compasión en lugar de ira. El invierno pasado, sentada en una poltrona con las piernas cruzadas al estilo oriental, en su casa de Berkeley, Sujartha describió la experiencia como «una renuncia a la ira, al odio, al deseo de venganza y justo castigo».

Después de terminar los estudios de Derecho, Sujartha trabajó para un juez federal en Vermont. «Fue la primera vez que tuve contacto con la justicia restaurativa», dice. En la actualidad es una líder en este campo. Se ocupa de reunir a criminales y víctimas que están dispuestos a verse, en un delicado y doloroso proceso de escuchar, responder, comprensión, perdón y expiación. Es una labor sagrada, la de contribuir a la sanación y redención de almas rotas. De esta forma, Sujartha ha cumplido la segunda parte, junto con la primera, del consejo que le dio el dalái lama.

Tú también puedes liberarte del sufrimiento de tu historia. Aunque es importante que honres tu pasado, no tiene que definirte. Tu identidad no se limita a tu biografía personal o a las ideas que tengas sobre ti mismo. Las historias que relatamos sobre nuestro pasado están escritas en el agua. Los trabajos de investigación demuestran que buena parte de lo que recordamos no es cierto. Aunque tengamos la sensación de que es un relato preciso, se compone de asociaciones, historias repetidas y una buena dosis de imaginación.

Eres intemporal. Cada vez que lo olvides y te identifiques con las historias forjadas por tu mente sobre quién eres, examínalas de nuevo.

Honrar el pasado

En una conocida fábula de la India antigua, una joven llamada Kisa Gotami ansiaba desde hacía años tener un hijo. Por fin lo consiguió, pero al poco tiempo su hijito enfermó y murió. Enloquecida de dolor, Kisa echó a andar, aturdida, portando el cadáver de su hijo, hasta que se encontró con un anciano que oyó sus gemidos y le aconsejó que fuera a ver al Buda. Kisa le suplicó al Buda que devolviera la vida a su hijo y, para su sorpresa, él accedió. Pero primero, le dijo, tenía que traerle semillas de mostaza, una especia muy común en la India, de una familia en la que no hubiera muerto nadie. La joven regresó al pueblo y fue de casa en casa, desesperada, en busca de semillas de mostaza. Todos tenían semillas de mostaza que ofrecer a la desconsolada madre, pero cuando esta les preguntaba si había muerto algún miembro de la familia comprobaba que todos habían perdido a un hermano, una hija, un tío o una madre. Cansada y llorosa, Kisa

Gotami empezó a darse cuenta de que ninguna familia está exenta del dolor de la mortalidad. Regresó junto al Buda, llorando aún la muerte de su hijito pero más sabia. Él la consoló con compasión y le impartió unas enseñanzas de liberación mediante las cuales Kisa logró liberar su corazón del sufrimiento, pero honrando la muerte de su hijo.

Nuestra cultura niega la realidad de la vejez y la muerte, e incluso del parto. Hasta hace relativamente poco, las mujeres solteras que se quedaban embarazadas eran enviadas a casas para madres solteras, avergonzadas, donde se ocultaban durante varios meses. Cuando estaban a punto de dar a luz, eran conducidas al hospital, donde les inducían el parto para mayor comodidad de los médicos, tras lo cual les arrebataban a sus hijos recién nacidos. A continuación, las mujeres eran enviadas de regreso a sus hogares con la orden de no hablar del tema con nadie. Imagina dar a luz, una de las experiencias humanas más potentes, y que te prohíban contárselo a nadie, fingir que este acontecimiento que transforma tu vida no ha sucedido.

Para liberarte del pasado, debes reconocer lo que ha sucedido y sentir el poder que tiene sobre ti. Está aquí, consciente o inconsciente, alojado en tu cuerpo, tus sentimientos y tu mente. Es imprescindible honrar la pérdida antes de dar el siguiente paso de desprenderte de ella. Luego puedes practicar el perdón y utilizarlo junto con la meditación, una terapia para superar el trauma, el arte y el apoyo de tus seres queridos para ayudarte a tocar y sanar la traición y el trauma.

Corazón que perdona

Para perdonar y ser libre debes honrar tu dolor, la traición, toda tu traumática historia, y aceptarla con toda la compasión de que seas capaz. Recuerda que eres más grande que lo que te haya sucedido. Por consiguiente, puedes dirigir tu corazón hacia el perdón.

Molly, una licenciada en Administración de Empresas por una universidad importante, era la directora de una organización sin ánimo de lucro para mujeres sin hogar. Cuando vino a verme, se sentía tan agotada y abrumada que sólo trabajaba a tiempo parcial. La depresión y la ansiedad eran su estado habitual, y el menor desaire la afectaba profundamente. Era comprensible, pues soportaba un trauma muy doloroso. Sus padres eran alcohólicos y apenas habían estado presentes durante la solitaria infancia de Molly; cuando lo estaban, se comportaban con crueldad y criticaban todo lo que hacía. Incluso de adulta, mientras se esforzaba en sacar buenas notas en la universidad y abrirse camino en su carrera, rara vez se sentía contenta o satisfecha.

Para liberarse, Molly decidió practicar la compasión. Llevó su soledad y su tristeza a Quan Yin, la diosa china de la compasión, al igual que muchos acuden a la Virgen María. Llevó a cabo esta práctica durante varios meses, sintiéndose consolada por una ternura sin juicios apriorísticos. Al cabo de un año, visualizó a sus crueles padres en el regazo de Quan Yin.

Una tarde, mientras su corazón se apaciguaba, reflexionó sobre el abandono y el agotamiento que había sufrido en el pasado y sintió que había empezado a dejar de definirse por su traumática infancia. Ello no significa que su sufrimiento no fuera real, pero había pasado mucho tiempo y podía desprenderse de él. Mientras el sol brillaba sobre la alfombra oriental azul en su sala de estar y se reflejaba en los pensamientos amarillos en la jardinera de la ventana, Molly se percató de que este era el primer momento en su vida en que era consciente de que se sentía feliz.

Coraje y claridad

Perdonarnos a nosotros mismos y a los demás constituye la base de la sanación. Sin ello, nuestras vidas están encadenadas y estamos obligados a repetir el sufrimiento del pasado sin poder liberarnos. Reflexiona sobre este diálogo entre dos exprisioneros de guerra:

«¿Has podido perdonar a tus captores?»

«¡No, jamás!»

«En tal caso, todavía te tienen prisionero.»

Sin perdón, perpetuamos la falsa ilusión de que el odio puede sanar nuestro dolor y el los demás. Incluso personas que han sufrido en las trágicas guerras y conflictos de Bosnia, Camboya, Ruanda, Irlanda del Norte y Sudáfrica han tenido que buscar los caminos que conducen al perdón. A veces esto requiere perdonar lo imperdonable, liberando de modo consciente al corazón de las garras de las terribles iniquidades cometidas por otros. Sean cuales sean los traumas que hayamos sufrido en el pasado, debemos hallar la forma de seguir adelante. Es la única forma de sanar.

El perdón requiere coraje y claridad. Las personas se engañan al creer que el proceso consiste en perdonar y olvidar. El perdón no olvida, ni condona el pasado. Reconoce lo que es injusto, doloroso e inicuo. Tiene el coraje de reconocer el sufrimiento del pasado y comprender las circunstancias que lo provocaron. Cuando perdonas, puedes decir también: «Jamás permitiré que esto vuelva a ocurrir. Jamás permitiré que vuelvan a causarme a mí o a otros este sufrimiento».

Perdonar no significa que debas seguir en contacto con quienes te han herido. En algunos casos, la mejor práctica es romper todo contacto con esas personas. A veces, durante el proceso de perdonar, es posible que una persona que te ha herido o traicionado quiera compensarte por el daño que te ha causado, pero eso no requiere que te expongas a más sufrimiento. En última instancia, perdonar significa no excluir a otra persona de tu corazón.

La práctica de perdonar requiere tiempo. No consiste en fingir que nada ha pasado. Ni requiere que reprimas o ignores el pasado. Perdonar puede requerir un largo proceso de angustia, coraje y tristeza, pérdida y dolor. Es un proceso profundo que honra de modo reiterado el sufrimiento y el dolor en el corazón. Con el tiempo, el perdón madura y se convierte en libertad para despojarnos, total y definitivamente, del trauma.

Lo que es más importante, debemos perdonarnos a nosotros mismos por cualquier daño que hayamos causado. Del mismo modo que otros causan sufrimiento, nosotros también lo hacemos. Es imprescindible que despertemos el perdón hacia nosotros mismos. Si examinamos nuestras vidas con sinceridad, veremos el sufrimiento y el dolor que han conducido a nuestras malas acciones. Cuando contemplamos con compasión el dolor que hemos causado, podemos extender el perdón a nosotros mismos. Sin misericordia hacia nosotros mismos, viviremos siempre en el exilio. La autora Maxine Hong Kingston, quien dirige desde hace veinte años un grupo de escritura compuesto por veteranos de guerra, dice que el lema del grupo es: «Cuenta la verdad para alcanzar la paz».

La auténtica liberación

El libro *Offerings at the Wall* es una recopilación de fotos de cartas y ofrendas depositadas en el Vietnam Veterans Memorial en Washington D.C. Transmite de forma visible el poder del perdón. He visitado con frecuencia el largo muro de piedra negra en el que están inscritos 58.000 nombres, y he visto a numerosas personas frente a él, en silencio; algunas portan flores; otras, sólo lágrimas. Una de las imágenes del libro es una pequeña fotografía de un soldado vietnamita y una niña, que fue colocada allí por un veterano norteamericano en 1989, con la siguiente nota:

Estimado señor:

He llevado su fotografía en mi billetera durante veintidós años. Yo tenía dieciocho el día en que nos encontramos frente a frente en ese sendero en

Chu Lau, Vietnam. ¿Por qué no me mató usted? Jamás lo sabré... Perdóneme por arrebatarle la vida. Reaccioné como me habían enseñado a hacer... Durante estos últimos años he contemplado un sinnúmero de veces la foto de usted y su hija. Cada vez siento un pellizco en el corazón y el vientre debido a los remordimientos. Yo también tengo dos hijas. Le imagino a usted como un soldado valiente, que defendía su hogar.

Ante todo, ahora respeto la importancia que la vida debía de tener para usted. Supongo que es gracias a esto que aún estoy aquí. Ha llegado el momento de continuar con el proceso vital y liberarme del dolor y el sentimiento de culpa. Perdóneme, señor.

Richard Luttrell, el soldado que escribió esta carta, vivió muchos años atormentado por los remordimientos, tratando de resolver su conflicto interior. Por fin, decidió regresar a Vietnam con la intención de devolver esta fotografía y pedir perdón. En Hanói, las autoridades le indicaron que fuera a una aldea rural, donde encontró a la hija, ya adulta, y al hijo del hombre al que había matado. Les explicó quién era y lloró al entregarles una copia de la fotografía. Los hijos del vietnamita también rompieron a llorar. Luttrell les pidió perdón. Ellos le agradecieron que hubiera ido a verlos y le dijeron que sentían que el espíritu benevolente de su padre había nacido ahora en él.

Por extremas que sean las circunstancias, la liberación del dolor es posible. Afrontar un episodio de violencia o malos tratos, sufrido por otros o nosotros mismos, a menudo requiere una respuesta potente. Luego podemos practicar también el perdón a fin de alcanzar una libertad plena.

Voy a matarte

En un tren que se dirigía de Washington a Filadelfia me senté junto a Robert Brown, un afroamericano que había trabajado para el Departamento de Estado norteamericano en la India y lo había dejado para dirigir un programa de rehabilitación para delincuentes juveniles en el distrito de Columbia. La mayoría de los jóvenes con quienes trabajaba eran pandilleros que habían cometido homicidios. Un chico de catorce años, que había vivido en las calles antes del asesinato, había matado de un tiro a un pobre adolescente para demostrar de lo que era capaz a la pandilla a la que pertenecía. Durante el juicio, la madre de la víctima permaneció impasible y en silencio hasta el fin, cuando el joven fue condenado por asesinato. Después de oír el veredicto, la mujer se levantó, se detuvo ante el chico y dijo: «Te mataré». A continuación el joven fue conducido a un centro de detención de menores, donde permaneció varios años.

Al cabo de un año, la madre del chico asesinado fue a visitar a su asesino. Este no había recibido ninguna visita en el centro de detención. Ambos charlaron un rato, y cuando la mujer se marchó le dio dinero para tabaco. A partir de ese día empezó a visitar al joven con regularidad, llevándole comida y pequeños regalos. Poco antes de que el chico cumpliera sus tres años de condena, la mujer le preguntó qué haría cuando saliera libre. Él le dijo que no lo sabía, y la mujer le propuso buscarle un empleo en la compañía de una amiga. Luego le preguntó dónde iba a alojarse y, puesto que el chico no tenía familia, ella le ofreció que se alojara temporalmente en su casa.

Durante ocho meses, el joven vivió en casa de la mujer, que le dio de comer y le buscó un empleo. Una noche, esta lo llamó al cuarto de estar para hablar con él. Se sentó frente a él y esperó unos momentos. Luego le preguntó:

«¿Recuerdas el día en la sala del tribunal, cuando dije que te mataría?»

«Por supuesto», respondió él.

«No quería que el chico que había asesinado a mi hijo sin motivo viviera en este mundo. Quería que muriese. Por esto iba a visitarte y te llevaba regalitos. Por esto te conseguí trabajo y dejé que vivieras en mi casa. Decidí transformarte. El chico que eras antes ha desaparecido. Ahora quiero pedirte, dado que mi hijo ha muerto y su asesino también, que te quedes aquí. Tengo espacio de sobra y me gustaría adoptarte, si me lo permites.»

La mujer se convirtió en madre del asesino de su hijo, la madre que él nunca había tenido.

Soltar: el acorde que completa la canción

Ajahn Chah me enseñó: «Si sueltas un poco, obtienes un poco de paz. Si sueltas mucho, obtienes mucha paz. Si sueltas del todo, eres auténticamente libre». La clave está en soltar. Pero el término «soltar» puede ser confuso. Creemos que significa desterrar el pasado, pero no es así. Cuando rechazamos y nos resistimos a lo que nos causa sufrimiento, permanecemos conectados, atrapados en una lucha. El término «soltar» expresa de forma más precisa la libertad que sentimos al liberarnos. Cuando te liberas de lo que atenazaba tu corazón, lo sientes, lo intuyes. Es como el acorde que completa una canción.

Para alcanzar este nivel de resolución emocional, debes honrar tus problemas mediante el mindfulness. Cuando haces amistad con tu pasado, aceptándolo con compasión, este pierde poco a poco su poder. Con el tiempo, los dolores de tu infancia, los sufrimientos y los traumas del pasado empiezan a remitir, suavizándose, haciéndose menos tóxicos. Aunque reconozcas las cicatrices que portas en tu cuerpo y tu memoria, no tienen por qué definirte. Puedes cambiar el foco, centrándote en tu bienestar. Puedes decir: «Reconozco el problema, pero no dejaré que ensombrezca mi corazón». El maestro zen Ed Brown lo expresa en un *gatha*, un poema.

Cuando me lavo las manos
purifico mi mente

de los viejos pensamientos...
y me ofrezco para echar una mano
en cada nueva tarea.

Pasar página significa despojarnos de los pensamientos que nos obsesionan sobre el pasado, la traición sufrida, el conflicto y el desengaño. Cuando nos perdonamos a nosotros mismos y a otros, soltamos el pasado. Seguimos adelante impulsados por la corriente de nuestra vida, reconociendo lo que ha sucedido sin dejar que nos limite.

PRÁCTICA

Meditación del perdón

Para practicar la meditación del perdón, siéntate cómodamente. Deja que tus ojos se cierren y respira con calma y naturalidad. Deja que tu cuerpo y tu mente se relajen. Respira suavemente sobre el área de tu corazón, siente todas las barreras que has erigido y las emociones que llevas dentro porque no has perdonado, ni a ti mismo ni a otros. Siente el dolor de mantener tu corazón cerrado. Luego, mientras respiras suavemente, empieza a pedir perdón y a ofrecerlo, recitando las siguientes palabras, dejando que las imágenes y las sensaciones que aparezcan se hagan más profundas mientras las repites.

PIDE PERDÓN A OTROS

Recita y piensa: *«He herido y perjudicado a otros de muchas formas, traicionándolos, abandonándolos, causándoles sufrimiento, de modo voluntario o involuntario, debido a mi dolor, temor, ira y confusión».* Recuerda y visualiza las formas en que has herido a otros. Contempla y siente el dolor que has causado debido a tu temor y confusión. Percibe tu dolor y siente tus remordimientos. Siente que por fin puedes liberarte de esta carga y pedir perdón. Imagina uno o más recuerdos que siguen agobiando tu corazón. Luego, repite a cada persona, de una en una, en tu mente: *«Por las formas en que te he herido debido a mi temor, dolor, ira y confusión, te pido perdón, te pido perdón. Confío en que me perdones».*

PERDÓNATE A TI MISMO

Recita: *«Al igual que he herido a otros, yo mismo me he herido y perjudicado de muchas formas, me he traicionado o abandonado muchas veces de pensamiento, palabra u obra, de modo voluntario o involuntario».* Siente tu preciado cuerpo y tu preciada vida. Contempla las formas en que te has herido o perjudicado. Visualízalas, recuérdalas. Siente el dolor que ello te ha causado, y siente que puedes liberarte de estas cargas. Ofréceles tu perdón una tras otra, mientras repites: *«Por las formas en que me he herido o perjudicado por acción u omisión, debido al temor, dolor y confusión, me concedo mi más sincero perdón. Me perdono, me perdono».*

PERDONA A QUIENES TE HAN HERIDO O PERJUDICADO

Recita y piensa: *«Otros me han herido de muchas formas, traicionándome, abusando de mí, abandonándome, de modo voluntario o involuntario, de palabra u obra».* Visualiza y recuerda esas variadas formas. Siente el dolor que soportas debido a este pasado y siente que puedes liberarte de esta carga de dolor perdonando cuando tu corazón esté dispuesto a hacerlo. Ahora, repite para tus adentros: *«Recuerdo una o muchas formas en que otros me han herido o perjudicado, debido a su temor, dolor, confusión e ira. He soportado este dolor en mi corazón demasiado tiempo. En la medida en que estoy preparado, os perdono. Perdono a quienes me han herido. Os perdono».*

Repite suavemente estas tres instrucciones para perdonar, hasta que sientas que tu corazón se libera de estas cargas. Es posible que no te sientas liberado de los dolores más graves, sino sólo de la carga de angustia o ira que has experimentado. Tócalos con delicadeza. Perdónate por no estar dispuesto a soltar o pasar página. El perdón no puede forzarse, no puede ser artificial. Basta con que te propongas perdonar, seguir practicando y dejar que las palabras y las imágenes surtan efecto poco a poco, a su ritmo; haz que la meditación del perdón forme parte de tu vida, soltando el pasado y abriendo tu corazón a cada nuevo momento con amor sabio y benevolente.

7

Libérate de las emociones conflictivas

Dame todo lo que esté dañado y deformado,
y me reiré de ello para hacerte llorar,
y entonces lloverá, y empezaremos de nuevo.

Deena Metzger

La libertad no significa luchar contra o reprimir nuestras emociones conflictivas. Eso sería otra forma de tiranía. Para ser libre, primero tienes que ser consciente de tus emociones y luego aprender a trabajar con ellas de forma juiciosa.

Rezar por nuestros enemigos

Hace varios años, ayudé a coordinar un foro sobre reformas penitenciarias y transformación humana, reuniendo al dalái lama y a veinticinco expresidiarios que habían sido liberados hacía poco de varias penitenciarías estadounidenses. La mayoría habían cumplido largas condenas en presidios estatales y habían sido invitados porque habían cambiado debido a haber participado en uno de los programas de mindfulness de la Prison Dharma Network, organizados por voluntarios en todo el país.

El dalái lama trajo a dos jóvenes monjas tibetanas que formaban parte de las catorce monjas de la prisión Drapchi, las cuales habían sido encarceladas de adolescentes por recitar oraciones en público en el Tíbet. En primer lugar tomaron la palabra los presos norteamericanos, que relataron sus historias de sufrimiento y transformación, e informaron al dalái lama sobre los beneficios de los programas de entrenamiento en materia de sabiduría, y ofrecieron reveladores detalles sobre la increíble crueldad de las prisiones norteamericanas, la mayor red penitenciaria del mundo, donde los reclusos viven hacinados.

Relataron historias de lucha interior y los años en que habían trabajado con coraje para transformar sus vidas. Una de las exreclusas, Anita, era una mujer de treinta y nueve años cuya calidez humana era de inmediato patente. Había salido de prisión hacía dos años después de cumplir catorce por haber sido cómplice involuntaria de un robo a mano armada que había fracasado. Anita explicó que, debido a las degradantes condiciones de las prisiones, ella y las otras reclusas se habían convertido en mujeres endurecidas y celosas de su espacio. A fin de conservar la cordura en sus pequeñas celdas de alta seguridad, las mujeres habían establecido rutinas sencillas y fijado límites estrictos. Sus rutinas se veían desbaratadas cada dos por tres por la inoportuna presencia de reclusas que cumplían menos de un año de condena, las cuales, debido al hacinamiento en las prisiones, eran colocadas en celdas ocupadas por presas que cumplían largas condenas, quienes las dejaban de lado y las ignoraban.

Cuando Noni, una mujer callada, ingresó en la celda de Anita para cumplir cuatro meses de condena, esta la acogió con recelo. «Puedes dejar tus cosas aquí, puedes ocupar esa parte de la celda, y no se te ocurra pasar de ahí», informó a su nueva compañera de celda. Durante varios días, Anita observó que Noni permanecía sentada en su litera, mareada y deprimida, sin apenas probar bocado. Al cabo de un tiempo empezó a vomitar, y Anita se dio cuenta de que estaba embarazada.

Anita pensó en esta joven y el bebé que esperaba. Le parecía injusto que esta mujer que pronto iba a ser madre se sintiera deprimida hasta el punto de matarse de hambre. Estaba perjudicando a su bebé. Se esforzó en consolar a Noni, y esta le contó la historia de su vida. Poco a poco, Anita se convirtió en su confidente, protectora y defensora, procurando que se sintiera más cómoda y obligándola a comer. Cuando transcendió la noticia de que Noni estaba embarazada, las mujeres recluidas en las celdas de máxima seguridad decidieron ayudarla ofreciéndole comidas especiales y consuelo. La compasión por Noni y su bebé se convirtió en algo comunitario que unió a las presas.

Unos meses después de que Noni saliera de prisión, sus excompañeras se enteraron de que había tenido una niña, llamada Julia, que había nacido sana y robusta. Las presas, que se sentían como si fueran las tías y abuelas de Julia, acogieron la noticia con gran alegría. Una nueva vida había aliviado la tristeza de sus celdas. Anita fue quien se sintió más satisfecha. La nueva vida que llevaba Noni en su vientre había abierto su corazón, cerrado a cal y canto, induciéndola a inscribirse en un programa de seis años con el fin de sanar y redimirse. Anita, una mujer endurecida y alejada de los demás, descubrió una nueva vida en ella. En la actualidad trabaja a tiempo completo en un proyecto que aporta esperanza a mujeres que cumplen condena en la cárcel.

Después de que los presos norteamericanos hablaran de sus tribulaciones durante los años de reclusión, el dalái lama invitó a las dos jóvenes monjas a que tomaran la palabra. Describieron sus años en prisión, donde habían pasado hambre, habían sigo golpeadas y torturadas con artilugios eléctricos, pero no habían cesado en ningún momento de recitar sus oraciones. El dalái lama les preguntó si habían sentido alguna vez temor. Las jóvenes respondieron en sentido afirmativo. Su mayor temor era perder la compasión y dejar que el odio calara en sus corazones. Sólo podían hacer una cosa, dijeron, «rezar por el enemigo». Uno de los exconvictos, un hombre fornido de Luisiana cubierto de tatuajes, dijo con los ojos húmedos de emoción: «He visto a hombres valientes en prisión, pero nada comparado con vosotras».

Estas historias, ya sean descripciones de circunstancias extremas o problemas vulgares y corrientes, nos recuerdan lo que es posible ahora mismo. Entre tus alegrías y sinsabores, ¿cómo está tu espíritu hoy? ¿Te sientes atrapado, derrotado, triste? ¿Has perdido tu fe? Al igual que Elías, que había estado encarcelado desde que era adolescente, ¿te sientes de alguna forma bloqueado, esperando que el semáforo y las circunstancias cambien? Puedes salir de esa trampa. Tanto si estás trabajando, con tu familia o la comunidad, o sólo con el interior de tu cuerpo, tu espíritu es libre. Es importante recordarlo cuando nos enfrentamos a un trauma.

Poderosas fuerzas interiores

La psicología moderna cataloga trescientos trastornos mentales. El psicoanálisis habla del *id* primitivo. La neurociencia describe un cerebro reptiliano debajo de cada córtex humano. Las tradiciones espirituales tienen listas de pecados mortales, emociones destructivas, demonios interiores, tentaciones y venenos de la mente. Todos sabemos que la mente humana puede ser presa de la codicia, la lujuria, la ira, el orgullo, los celos, la envidia, el delirio, el odio y la avaricia. Estas poderosas fuerzas destruyen a personas, comunidades y naciones.

El primer paso cuando trabajas con estas complicadas energías consiste en verlas con claridad. Utiliza el poder del mindfulness, del amor benevolente. Chloe, una joven que asistió a un retiro para adolescentes, contó que a menudo era presa de la depresión, bebía demasiado, se autolesionaba y, en general, se comportaba de forma destructiva. Había rechazado todos los consejos que le habían ofrecido sus padres, pero una tarde en que se sentía desesperada tomó un libro de la estantería de su madre sobre mindfulness y yoga. «Fue como si hubiera caído en mis manos una medicina tremendamente potente, casi demasiado maravillosa para ser verdad. Me mostró que podía ser consciente de mis pensamientos y sentimientos sin tener que creer en ellos», dijo. Al reconocer sus sentimientos mediante el mindfulness, Chloe comprobó que no se sentía tan atrapada, y su situación empezó a cambiar.

El amor benevolente nos permite salir del paradigma de los elogios y los reproches. Cuando actuamos de forma inconsciente, atrapados en estados como los juicios apriorísticos, la ira, la rigidez, la compulsión y los prejuicios, proyectamos ciegamente estos sentimientos. Luego culpamos a otros de estos problemas. Pero, si los analizamos con detenimiento, descubrimos que a menudo los culpables son nuestra inseguridad y vulnerabilidad. Culpamos a otros porque estos estados nos resultan insoportables. James Baldwin escribe: «Una de las razones por las que las personas se aferran a su odio y a sus prejuicios con tal tenacidad es porque presienten que, si su odio desaparece, no tendrán más remedio que afrontar su dolor».

Cuando eres incapaz de soportar tu dolor, incapaz de reconocer las inseguridades y las limitaciones de la vida, crees que la causa son los demás. Como demuestra la historia, los norteamericanos tendemos a proyectar nuestras inseguridades y nuestros temores sobre el enemigo de turno —los comunistas, los gais, los negros, los judíos, los musulmanes, los inmigrantes—, lo cual nos conduce al racismo, la intolerancia, la injusticia y la guerra. El escritor satírico P. J. O'Rourke observa: «Una de las cosas más irritantes de creer en el libre albedrío y la responsabilidad individual es lo difícil que resulta encontrar a alguien a quien echar la culpa de tus problemas. Cuando por fin encuentras a alguien, te sorprende lo a menudo que aparece su foto en tu carné de conducir».

Hacer amistad con el problema

La buena noticia sobre estas poderosas fuerzas interiores es que puedes utilizar la conciencia para comprenderlas y dominarlas. Cuando reconoces con atención plena tu temor, ira, deseo o soledad, llegas a comprender estas emociones y empiezan a tener solución. Si te sientes solo, por ejemplo, estudia tu soledad. El poeta sufí Hafiz nos advierte: «No te rindas tan deprisa a tu soledad. Deja que te hiera más profundamente. Deja que te cure». Si no soportas tu soledad, tu aburrimiento, tu ansiedad, siempre huirás de esas emociones. En cuanto te sientas solo, abrirás la nevera, entrarás en un chat o harás lo que sea con tal de evitar estar a solas contigo mismo. Pero con conciencia benevolente puedes soportar, honrar y valorar tu soledad. Estas emociones pueden ser útiles. Pueden enseñarte cosas sobre ti mismo, tus anhelos, lo que has dejado de lado durante demasiado tiempo. Pueden ayudarte a hallar una libertad más profunda.

Con el dolor ocurre lo mismo. Los sioux lakotas valoran mucho el dolor; afirman que hace que la persona se sienta más próxima al Gran Espíritu. Cuando quieren enviar un mensaje al otro lado, piden a un miembro de una familia que llora la muerte de un ser querido que lo transmita. Tanto si sientes dolor como ansiedad, celos o ira o padeces una adicción, tu libertad aumenta cuando focalizas tu conciencia sobre el problema. El maestro zen Myogen Steve Stücky dijo a sus amigos y estudiantes, cuando agonizaba debido a un cáncer que le causaba fuertes dolores: «He hallado alivio de mi sufrimiento no dándole la espalda, sino yendo al encuentro de lo que me resulta más difícil».

Yo mismo he tenido que aprender esta lección con ira. Mi padre era un hombre violento que maltrataba a mi madre y dominaba a todos los miembros de nuestra familia con sus imprevisibles ataques de furia y paranoia. Cuando se encolerizaba, yo echaba a correr; mi madre solía ocultar botellas detrás de las cortinas de cada habitación para echar mano de una y defenderse de los golpes que le propinaba mi padre.

Decidí no ser nunca como él. Me convertí en el pacificador de la familia, mediando en las disputas siempre que podía. Así pues, cuando siendo un joven monje fui a vivir en un monasterio budista ubicado en un bosque en Tailandia, pensé que me sentiría a gusto y en paz. No estaba preparado para la intensidad de mi agitada mente, la súbita aparición de emociones como dolor, deseo y soledad que experimenté. Lo que más me sorprendió fue mi ira. En mi obsesión por no parecerme a mi violento padre había reprimido mi ira, pues temía incluso sentirla. Pero en el estado de conciencia plena inducido por la meditación y la soledad, todas las cosas que me enfurecían afloraron. Más que ira, lo que sentía era una furia ciega. En primer lugar contra mi padre, por perjudicar de forma tan grave a nuestra familia. Luego, debido al temor y al rechazo que me infundía, estaba furioso conmigo mismo por todas las veces que había reprimido mi ira.

Ajahn Chah me recomendó que cuando fuera presa de la ira me sentara, cubierto con una larga túnica incluso en los días más calurosos, y aprendiera a tolerarla. Más tarde mi terapeuta reichiano me enseñó a respirar profundamente, emitiendo sonidos, gritos, haciendo muecas de ira y agitando los brazos hasta que expresara el dolor de mi furia y rompiera a llorar. Durante esos años de meditación y terapia, aprendí a trabajar con la ira y descubrí que es una energía que podemos llegar a conocer y tolerar en lugar de temerla. Tenía que reconocer cuándo estaba presente y comprender que *podía* sentirla con plenitud sin experimentar deseos de venganza o comportarme con violencia como mi padre.

También comprendí que, cuando la asimilamos, la ira puede ser valiosa. Es una protesta cuando nos sentimos heridos o temerosos o cuando no conseguimos satisfacer nuestros deseos. En ocasiones, incluso nos procura claridad. Los antiguos griegos decían que la ira era una emoción «noble», porque nos da fuerzas para defender lo que es más importante para nosotros. Cuando empecé a asimilar mi ira, vi con mayor claridad la frustración, el dolor y el temor que se ocultaban debajo de ella. Mi sentido de libertad se intensificó al abordar el problema de la ira de forma más juiciosa, y poco a poco su energía se transformó en compasión hacia mí mismo y los demás. Ahora, parte de mi profesión consiste en ayudar a otros a resolver sus emociones.

Resolver conflictos

Arturo Béjar, un amigo, fue uno de los principales ingenieros en Facebook. Su labor consistía en responder a los problemas y las quejas que exponían los miembros de Facebook. Me comentó riendo que, debido al gigantesco tamaño de Facebook, incluso un uno por ciento de los usuarios no tarda en exponer un millón de quejas. Cuando recibían quejas referentes a problemas de funcionamiento, Arturo las remitía a los ingenieros de Facebook para que las resolvieran. Pero muchas de las quejas se referían a problemas interpersonales, donde estaban en juego sentimientos de ira, resentimiento, culpa y dolor: «alguien ha publicado una foto mía que no me gusta»; «alguien ha publicado una historia sobre mis hijos y yo, y no tiene derecho a hacerlo»; «alguien ha escrito unas cosas sobre mí que no son ciertas».

Al principio la respuesta de Facebook fue publicar su política legal, explicando que eliminarían las fotos que fueran ilegales, que estuvieran sujetas a derechos de autor, que fueran obscenas, lascivas y demás. Pero Arturo vio que la mayoría de la gente no se sentía satisfecha con esa política. Comprendió que era preciso que los usuarios se comunicaran unos con otros. De modo que sugirió que, si se sentían enojados por algo que había hecho otra persona, se pusieran en contacto con ella directamente y trataran de resolver el problema. Luego se le ocurrió que quizá debía ayudarles a hacerlo. «Explica a la persona en cuestión lo que te ha molestado.» Luego, para completar la comunicación, añadía: «Explícale cómo te has sentido».

Arturo comprobó que a menudo la gente no sabe cómo se siente, sobre todo cuando se trata de un problema. De modo que sugirió a los usuarios que aprendieran a reconocer sus sentimientos. Incluso les envío unos emoticonos para ayudarles a identificar sus sentimientos de dolor, confusión, preocupación, ira, tristeza, temor o de no ser apreciados. Por último, para acabar de resolver el conflicto, les aconsejó que enviaran una sencilla pregunta, como por ejemplo: «¿Por qué has publicado esto?» o «¿Qué te propones con ello?»

Los resultados fueron increíbles. Un ochenta y cinco por ciento de los problemas se resolvieron mediante este proceso. En muchos casos, la persona que había ofendido a otra respondía: «Pensé que estabas muy bien en esa foto. Al saber que te molestaba, no he dudado en quitarla». O «Lo lamento, pensé que sería divertido publicar una historia sobre tus hijos».

«Gracias a este proceso —dice Arturo—, tengo la oportunidad de enseñar inteligencia emocional y la resolución de conflictos a 950 millones de personas.»

Enfrentarte a los demonios

Cuando te enfrentas a las energías interiores que te asustan, abruman y bloquean es importante que no te identifiques con ellas, sino que permanezcas presente con una mente observadora e imparcial. La libertad comienza cuando reconoces las oleadas de emociones, ves esas energías como lo que son y no te quedas atrapado en las dramáticas historias que inventa tu psique.

Deseoso de liberarse de su temor, el Buda pensó: «¿Qué ocurriría si me adentrara en el lugar más terrorífico, junto a tumbas y en lo más profundo del bosque, para llegar a comprender el temor y el terror?

¿Y si, resuelto a acabar con el temor que me invade, hiciera eso y siguiera enfrentándome al temor y al terror hasta conseguir liberarme de su dominio sobre mí?»

Dicen que el maestro tibetano Milarepa metió la cabeza en la boca del demonio más feroz que le atormentaba. Un amigo mío llamado Marv, un joven que se sentía angustiado, me contó que después de leer a Milarepa decidió probar ese método. Durante un retiro, Marv me dijo que había perdido la cuenta de la frecuencia con que los demonios de la ira, del complejo de inferioridad y de la autodestrucción le habían visitado. Le atormentaban desde su infancia. De modo que, en lugar de rechazarlos, decidió permanecer en este pavoroso infierno hasta que los experimentara y asimilara plenamente. Resolvió abordar su temor con mindfulness y amor benevolente, y meditó de esta forma durante horas. Por fin, en el fondo de este pozo de dolor vio una enorme bola que emitía luz. Penetró en ella y de inmediato se sintió transformado, libre de ese temor autodestructor por primera vez desde que tenía uso de razón.

Así es como sucede. Cuando nos enfrentamos a nuestros demonios, ya sea el aburrimiento, la vergüenza, la ira, los prejuicios o los celos, pierden su poder. Dejamos de creer en su historia y empezamos a verlos como sentimientos humanos. Dejamos de sentir deseos de huir, de sustituirlos por otra cosa y de pensar que hemos hecho algo malo. Tori Murden, la primera mujer que atravesó sola el Atlántico en un barco de remos, cuenta: «Si sabes lo que significa encontrarte sola en medio del océano, en la oscuridad, asustada, esa experiencia te ayuda a comprender lo que otros seres humanos padecen. Yo atravesé un océano en un barco de remos. Otras personas tienen que superar tantos o más obstáculos».

Creer que nuestra preocupación y nuestro temor son reales nos despoja de una gran cantidad de energía. El poeta Hafiz escribió: «El temor es la habitación más barata de la casa. Me gustaría verte en una estancia más lujosa». Si te detienes un momento y lo analizas, verás que el temor se compone de pensamientos, que puedes hacerte a un lado y observarlos como si fueran niños inquietos. Cuando te liberas del temor, el amor y la confianza crecen.

El nacimiento de la compasión

Todos albergamos emociones problemáticas. Todos tenemos sombras. Utilizar la conciencia y la compasión puede ayudarnos a librarnos de ellas. Cuando vivimos con conciencia benevolente, nuestra conciencia es más espaciosa y estos estados insanos empiezan a perder su poder. Cuando aprendemos a tolerar los sentimientos de dolor, pérdida e inseguridad sin malgastar todas nuestras energías en juzgar, reaccionar de forma violenta o rechazarlos, con frecuencia surge un nuevo sentimiento. La libertad nace cuando el perdón y la compasión penetran en tu cuerpo y tu mente. El maestro Alan Wallace nos ofrece un ejemplo:

Imagina que caminas por la acera portando las bolsas de la compra y alguien choca contigo, haciendo que te caigas y los comestibles se esparzan por el suelo. Cuando te levantas del charco de huevos rotos y zumo de tomate, quieres gritar: «¡Idiota! ¿Qué te pasa? ¿Estás ciego?» Pero antes de que puedas recuperar el resuello y hablar ves que la persona que ha chocado contigo es, en efecto, ciega. Ella también yace en el suelo entre los comestibles diseminados por el suelo. Tu ira se disipa al instante, sustituida por un sentimiento de compasión. «¿Se ha hecho daño? ¿Puedo ayudarle?» Nuestra situación es análoga. Cuando vemos con claridad que la fuente de la discordia y la tristeza en el mundo es la ignorancia, podemos abrir la puerta de la sabiduría y la compasión.

Sondra, una mujer con la que trabajé durante un retiro, necesitaba compasión para enfrentarse al persistente demonio que la incitaba a darse a comer en exceso. Describió los años de lucha contra esa compulsión, vagando por la casa como un fantasma famélico, llena de autoodio.

Yo creía que la comida tenía una capacidad ilimitada de proporcionarme satisfacción y evitar que sufriera. Una y otra vez echaba mano de la comida confiando en que obrara su magia, pero se volvía contra mí, fallándome, causándome un indecible sufrimiento físico y emocional, además de vergüenza. Me despreciaba a mí misma y odiaba mi situación, estaba desesperada.

Conseguí liberarme al enfocar con atención plena el intenso malestar del que trataba de huir. Comprobé que podía recuperarme más rápida y menos dolorosamente de esos atracones compulsivos si era capaz de estar presente en mi dolor y observarlo con cierta benevolencia. En lugar de comer más, trataba de evitar los efectos de haber comido demasiado y los remordimientos de haber caído de nuevo en esa trampa. Me veía a mí misma recorriendo de nuevo ese viejo y triste camino. A medida que aumentó mi amor benevolente, comprendí que no tenía que hacer esto, y mi autocompasión aumentó también. Me siento profundamente agradecida a la compasión que me ha rescatado del ámbito de los fantasmas famélicos.

Sondra comprobó que la libertad proviene del amor benevolente. Comprendió que era libre de dejar de creer en sus pensamientos destructivos. ¡Tú también lo eres!

No tienes que identificarte con los insanos hábitos mentales que te causan sufrimiento. Tú no eres tu temor, tus compulsiones, tu ira o tu confusión. Con compasión y coraje, los estados problemáticos se convierten en vacuos fantasmas, impostores, apariciones que no son reales. En su lugar surge un mundo interior de bienestar y equilibrio. La libertad es tu auténtico hogar.

PRÁCTICA

Compasión

Para cultivar la compasión, siéntate cómodamente, centrado y en silencio. La práctica de la compasión combina la repetición de frases de atención interior con visualizaciones y la evocación del sentimiento de compasión.

Para empezar, respira con calma y siente tu cuerpo, el latir de tu corazón, la vida que hay en ti. Siente cómo atesoras tu vida, cómo te proteges frente a los peligros y las vicisitudes. Esto es innato en todos los seres vivos. Ahora, piensa en alguien cercano a ti a quien quieres mucho. Imagina a esa persona y siente el cariño natural que sientes por ella. Siente el amor con que la acoges en tu pensamiento. Luego céntrate en sus esfuerzos y temores, sus problemas, sus penas, sus sufrimientos en la vida, como en la vida de todos los seres humanos. Siente cómo tu corazón se abre de modo natural para desearle el bien, para ofrecerle consuelo, para reconocer su dolor y contemplarlo con compasión. Esta es la respuesta espontánea del corazón. Mientras visualizas a esa persona, recita para tus adentros estas frases:

Deseo que la compasión resida en ti.
Deseo que tu dolor y tus penas remitan.
Deseo que estés en paz.

Recita estas frases varias veces mientras las acoges en tu corazón. Deja que el sentimiento de compasión crezca. Continúa ofreciendo estas intenciones benevolentes durante un rato. Si quieres, puedes modificar estas frases adaptándolas a las intenciones de tu corazón.

Después de unos minutos, imagina que esta persona a la que estimas te contempla. Sus ojos expresan el mismo espíritu de compasión por tus temores y vicisitudes, tus penas y tu dolor. Ahora es ella quien recita:

Deseo que la compasión resida también en ti.
Deseo que tu dolor y tus penas remitan.
Deseo que estés en paz.

Acepta su compasión y cariño. Ahora ofrécete a ti mismo esta compasión. Contempla tus temores y vicisitudes, tu sufrimiento y dolor con compasión. Si lo deseas, apoya la mano en tu corazón. Recita las mismas frases durante unos minutos:

Deseo que la compasión resida en mí.
Deseo que mi dolor y mis penas remitan.
Deseo estar en paz.

Al cabo de un rato puedes empezar a extender tu compasión a otras personas que conoces. Imagina a tus seres queridos, uno tras otro. Acoge la imagen de cada uno en tu corazón, consciente de sus problemas, y deséales el bien con las mismas frases.

Ahora puedes ampliar tu compasión, paso a paso, al sufrimiento de tus amigos, tus vecinos, tu comunidad. Extiende tu compasión de forma progresiva a todos los que sufren, a todas las personas conflictivas, a tus enemigos y, por último, a la hermandad de todos los seres. Siente tu dulce conexión con toda la vida y sus criaturas.

Utiliza la intuición en esta práctica de la compasión. En ocasiones quizá te parezca difícil, quizá temas sentirte abrumado por el dolor. Recuerda que no tratas de «resolver» el dolor del mundo, sólo acogerlo con un corazón compasivo. Relájate y procede con dulzura. Respira. Deja que tu respiración y tu corazón se calmen de forma natural, como un centro de gran compasión en medio del mundo.

PRÁCTICA

Practica con las emociones conflictivas

Para practicar con las emociones conflictivas, siéntate en silencio y elige una circunstancia en la que te sientas bloqueado. Observa las emociones conflictivas que están presentes, agravando tus problemas. Observa con benevolencia las emociones problemáticas que estén presentes. Respira y obsérvalas sin tratar de disiparlas. Quizás estén presentes el temor y la frustración, la ansiedad y la preocupación, la ira y la furia, la soledad y el pesar... Todas son innatas en el ser humano. Vuélvete hacia ellas. Siente cómo se manifiestan en tu cuerpo, tu corazón y tu mente. Reconoce, con amor benevolente: «Esto es temor», «Esto es frustración», «Esto es dolor». Al nombrar estas emociones te conviertes en el testigo atento, en la conciencia benevolente.

Al cabo de un par de minutos, céntrate de nuevo en estas emociones conflictivas. Reconócelas: «Esto es ira», «Esto es...» Observa el lugar de tu cuerpo donde está ubicada esta emoción. Ahora invita a la emoción o al sentimiento a hacerse más fuerte, a expandirse y aumentar. Siente cómo permites que crezca tanto como quiera. Deja que se abra y llene todo tu cuerpo. Luego intuye, siente o imagina que se expande más, para llenar la habitación, el espacio que te rodea, todo el cielo. Deja que la emoción o el sentimiento crezca hasta abarcarlo todo. Tómate el tiempo necesario. A medida que el sentimiento se expande, observa lo que sucede. Al principio quizá se intensifique y se haga más fuerte. Luego, conforme sigue expandiéndose, a menudo se suaviza y la energía de esta emoción da paso a otras experiencias. A veces se vuelve menos personal, convirtiéndose en una energía de ira, temor o soledad que atraviesa tu cuerpo. A veces, cuando esta energía se suaviza, surge otro potente sentimiento, la ira da paso a la tristeza o al dolor, la soledad da paso a la preocupación o la ternura.

La energía se hace más universal y puede incluso abrirse a la energía contraria. Quizás observes que, cuando permites que estas energías se abran, tú te vuelves menos reactivo. Estas energías liberadas se mueven. Ahora puedes estar presente, con gentileza, pero sin sentirte involucrado en ellas ni dejarte atrapar por ellas tan fácilmente.

Como es natural, a veces retornan algunos de estos sentimientos, reapareciendo como oleadas. Deja que aparezcan y desaparezcan. No te desanimes. Son la energía de la vida que viene a enseñarte. Provienen de lo que has sufrido, del temor que has experimentado, de lo vulnerable que eres, del amor que eres capaz de sentir, y pueden conducirte a una preocupación y una compasión más universal, más tierna. Confía en este proceso, que sana y libera el corazón.

Tercera Parte

Alcanzar la libertad

Aún no eres libre.
Sólo has conseguido la libertad de ser libre.

NELSON MANDELA

8

La elegancia de la imperfección

El toque de lo imperfecto en la incipiente perfección era lo
que le daba esa dulzura, porque era lo que le daba
humanidad.

THOMAS HARDY, *TESS DE LOS D'URBERVILLE*

Tenemos multitud de ideas sobre cómo deberíamos ser y cómo debería ser el mundo, pero ninguna de ellas se ajusta a la realidad. La vida humana es una gloria imperfecta: complicada, paradójica, llena de contradicciones. El manto del mundo está tejido de magnificencia y limitaciones, triunfos y desengaños, pérdida y eterna recreación. Buscar un ideal de perfección nos sitúa en conflicto con el mundo.

Invitación a quererte

David Roche, un maestro y humorista que fundó la Iglesia del 80% de Sinceridad, dice que el 80% es suficiente: 80% sabia, 80% compasiva, 80% célibe. David nació con un enorme tumor en la parte inferior izquierda de la cara. Los cirujanos trataron de extirpárselo cuando era muy joven, y durante la intervención le extirparon también el labio inferior, y le administraron tal cantidad de radiación que la parte inferior de su rostro dejó de desarrollarse y está cubierta con quemaduras de un color violáceo.

En la actualidad da charlas en escuelas secundarias sobre la imperfección. Cuando aparece y ocupa su lugar en el escenario, es consciente de que muchos chicos no soportan mirarlo. Los adolescentes están obsesionados con su cuerpo, temen tener algún defecto que sea objeto de burla por parte de sus compañeros. «Aquí me tenéis —les dice David—, vuestra peor pesadilla.» Les pide que imaginen ir a una fiesta con esta cara, o cómo se sentirían si en un ascensor unos padres dijeran a sus hijos: «Callad, no digáis nada». A veces bromea diciendo que se siente tentado de responder: «Eso me ha pasado por tocarme el pajarito».

David es un hombre divertido, sincero, entrañable, sin complejos sobre su apariencia, y tan sabio que poco a poco sus historias y su corazón conquistan a los estudiantes. A veces su bella esposa, Marlena, lo acompaña. Al término de la mayoría de sus charlas, David pide a los asistentes que le miren de nuevo y comprueben si tiene un aspecto distinto. «Pues es verdad», responden. Ahora ven su humanidad, su corazón. Él les muestra lo que significa amar a tu yo glorioso e imperfecto.

La tiranía de la perfección

Para Emily, que arrastraba una historia de depresión y ansiedad, hallar la libertad de la imperfección requería hacer amistad con la vergüenza y la confusión, que ella veía como una figura llamada Mara. En las leyendas del Buda en la India, Mara es la encarnación de la codicia, el odio y la ignorancia que luchó con el Buda la noche en que este despertó y durante muchos años. Cada vez que Mara le atacaba, el Buda permanecía impasible, limitándose a decir: «Te veo, Mara». Mara alzaba las manos, furioso de que el Buda lo hubiera reconocido, y se alejaba. Según relatos posteriores, el Buda incluso invitó a su viejo amigo Mara a tomar el té.

Mara se aparecía a Emily en forma de vergüenza y confusión. Cada vez que Emily tenía problemas de dinero, o en el trabajo, o cuando engordaba unos kilos o la llamaba su exnovio, Mara la atacaba. Era un patrón habitual. Desde niña, Emily había tenido la sensación de que estaba llena de defectos. «No soy lo bastante simpática, guapa, inteligente, creativa o lista.» Su lista era interminable.

Poco a poco, mediante la práctica del mindfulness y el amor benevolente, Emily adquirió una perspectiva más amplia y pudo ver a Mara con claridad. Pero antes tuvo que aprender a sentir su respiración irregular y aceptar las molestias y dolores de su cuerpo con ecuanimidad y benevolencia. Aprendió a sentarse con Mara y observar con curiosidad los diferentes estados y apariencias que asumía cuando visitaba su mente y su corazón. Aprendió a nombrarlos como había hecho el Buda: «Ah, el Mara de la desesperación, el Mara de la vergüenza, ¿otra vez aquí? Te veo». Luego aprendió a rechazar con compasión el dominio que tenían sobre ella: «Aunque desees tomar el té, no puedo dejar que te quedes mucho rato porque tengo otro compromiso».

Ansiamos la perfección. El compañero perfecto, la casa perfecta, el trabajo perfecto, el jefe perfecto y el líder espiritual perfecto. Y cuando los hallamos queremos que permanezcan siempre así, que no pierdan su esplendor, que no envejezcan, que el techo no se combe nunca, que la pintura no se desconche. También nos enseñan a buscar la perfección en nosotros mismos. La novelista Florida Scott-Maxwell escribe: «Por vieja que sea, una madre observa a sus hijos de mediana edad en busca de signos de mejora». Te dicen que si asistes a suficientes sesiones de terapia, acudes al gimnasio, te alimentas de forma sana, ves documentales en la televisión, controlas tu colesterol y meditas bastante, alcanzarás la perfección.

Olvida la tiranía de la perfección. Lo importante no es perfeccionarte tú, sino perfeccionar tu amor. Deja que tus imperfecciones te inviten a quererte más. Recuerda que las alfombras que tejen los indios navajos tienen defectos aposta. Y que los japoneses atesoran los defectos en su mejor cerámica. Forman parte del arte. Qué alivio honrar tu vida como es, con toda su belleza e imperfección.

Una gloria disparatada, inexplorada, imperfecta

Imaginamos que si conseguimos ser profundamente espirituales no volveremos a sentir ira, ni temor, ni sufriremos ni nos preocuparemos. Queremos vivir en el mundo pero sin que los problemas nos afecten, proyectando una imagen sabia y benevolente como el Buda, viviendo en una paz perfecta.

Ensalzamos a los líderes, a los artistas y a los maestros espirituales. Pero todos tienen aspectos que no se corresponden con nuestra idealización. Como todo el mundo, los grandes líderes espirituales experimentan conflictos y problemas con quienes les rodean. Al igual que el Buda. Al igual que Jesús, el dalái lama y la Madre Teresa. Ellos también padecían migrañas, dolores de espalda, diabetes, trastornos cardíacos, depresión. Admirados maestros como Suzuki Roshi, el decimosexto Karmapa, y Ramana Maharshi murieron a causa del cáncer. No conseguimos que nuestro corazón despierte persiguiendo un ideal de perfección, sino aportando amor a todo: elogios y reproches, ganancia y pérdida, alegría y pesar.

Existe una diferencia entre un arquetipo o ideal y nuestra humanidad. Gandhi y Martin Luther King Jr., Krishnamurti y Chögyam Trungpa tenían sombras. Lamas y mamás, obispos y rabinos tienen que luchar con sus imperfecciones. Incluso un ser tan maravilloso como el dalái lama dice: «A veces me enfado, pero me doy cuenta de que no merece la pena y lo dejo estar».

Hace unos años, estudié en un grupo junto con otros estudiantes con el maestro de zen *rinzai* más anciano y veterano de Occidente, Joshu Sasaki Roshi. Permanecimos sentados durante varias horas, que se me hicieron eternas y por momentos dolorosas, en largas hileras, al estilo zen, inmóviles, meditando sobre los *koans*, unas preguntas al parecer imposibles de responder, que Joshu Sasaki Roshi nos había dado a todos. En aquel entonces yo ya era un conocido maestro de meditación, y durante mi primer retiro con él me dio un *koan* que me pareció extremadamente difícil.

Los estudiantes íbamos a verlo, por separado, cuatro veces al día. Después de una reverencia ceremonial y de recitar nuestro *koan*, teníamos que proponerle nuestra respuesta. Yo probé una respuesta tras otra, y después de cada una Roshi me miraba y decía «No», o «La idea es buena pero no es zen», o «Puedes mejorarla», y tocaba la campanita indicando que podía retirarme. Después de pasar días y noches esforzándome en hallar la respuesta (un error), el regocijo del maestro dio paso a la mofa. «Demasiado ego», o «Un dos por ciento», decía. Luego preguntaba: «¿Eres maestro?», y añadía: «Muy mal». Yo le ofrecí todo tipo de respuestas, sintiéndome cada vez más frustrado.

Una noche, después de varios encuentros de este tipo, me enfadé con él, conmigo mismo, con todo el proceso. Mientras seguía recitando mi *koan*, dejé que la ira se apoderara de mí. Cuando sonó el gong para que nos colocáramos en fila y entráramos a ver al maestro, yo estaba furioso y pensé: «Es un maestro zen, veamos qué hace frente a un estudiante furioso». De modo que entré, hice una reverencia y él me pidió que recitara mi *koan*. «¡Que te den, Roshi!», grité. Apagué la vela que estaba sobre su mesita de un manotazo, cogí su campanita, la hice sonar y salí hecho una furia. Cuando me disponía a girar el pomo de la puerta, le oí tocar de nuevo la campanita y decir con tono sereno y extrañado: «No es la respuesta correcta».

A partir de ese momento renuncié a tratar de hallar la respuesta correcta y, por supuesto, como en todas las historias zen, mi mente se apaciguó, el *koan* adquirió un sentido más natural y la respuesta me vino sin forzarla. Al final del retiro, pese a lo satisfecho que me sentía por haber aprendido a trabajar con los *koans*, me sentí incluso más satisfecho de que el proceso incluyera también mi frustración, mis dudas, mi humillación y mi confusión, además de la rabieta. La respuesta no se hallaba fuera de este complicado proceso, sino que se abrió en medio de él. La filosofía zen consiste en honrar todas las partes de la vida, por espinosas que sean, sin renunciar a ellas.

Si deseas explorar la imperfección y el amor, quítate la ropa y mírate en un espejo de cuerpo entero. Observa el don misterioso de tener un cuerpo humano y una vida humana. Y observa todas las ideas de cómo deberían ser. ¿Puedes ver y amar tu cuerpo y tu vida humana con claridad, tal como son? ¿En toda su gloria singular, complicada, disparatada, inexplorada e imperfecta?

Los ojos del amor

Una mujer que conozco que se había inscrito en un programa de meditación zen padecía un problema de nacimiento muy visible: a uno de sus brazos le faltaba la parte inferior, lo que le impedía crear el *mudra*, una postura zen consistente en juntar las palmas de las manos y apoyarlas sobre el regazo. Quizá fuera porque les resultaba embarazoso mencionarlo (¿y si fuera yo quien tuviera ese problema?), el caso es que ninguno de los jóvenes instructores de meditación se lo había comentado. No obstante, la mujer practicaba con sinceridad y se había hecho más silenciosa y abierta a su vida. Durante un retiro zen, cuando estaba en su habitación, mirándose en el espejo, reflexionó con compasión y tristeza: «¡Nunca he mirado realmente mi brazo!» Tenía veintiséis años y nunca se había mirado sin reproche, consternación e incluso repugnancia. Como David Roche, el superviviente de cáncer que tenía el rostro desfigurado debido al tratamiento de radioterapia, la mujer sufría también una deformidad física, pero el auténtico daño era el de su espíritu, en el que ella no había reparado. Sólo podemos ser libres si abrazamos nuestra imperfección. Entonces nuestra visión se convierte en *percepción pura*, viéndolo todo con los ojos del amor.

En 1971, Ram Dass, autor del *bestseller Aquí ahora*, animado por su gurú, Neem Karoli Baba, abandonó la India y regresó a Estados Unidos para dedicarse a la enseñanza. El mensaje de su gurú era un mensaje de amor: «Ama a las personas y aliméntalas». Ram Dass dudaba en seguir sus consejos, pues le dijo que se sentía demasiado impuro e imperfecto desde el punto de vista espiritual para enseñar a otros. Su gurú se levantó de su asiento de madera y dio unas vueltas alrededor de Ram Dass lenta y pausadamente, durante unos minutos, observándolo desde todos los ángulos. Luego volvió a sentarse, lo miró a los ojos y dijo: «Yo no veo ninguna imperfección». Ram Dass regresó a Estados Unidos para impartir sus enseñanzas de amor puro a millones de personas.

Tú eres perfecto en ti mismo. Los dones que buscas de amor y compasión no se encuentran en la lejana India. Siempre están aquí, esperándote. Al término de los retiros observo que los frutos de la conciencia benevolente y la autocompasión se hacen visibles. Durante los primeros días, las bulliciosas mentes de los meditadores empiezan a sosegarse. Poco a poco sus mentes se calman, sus cuerpos se abren, sus ojos se suavizan. Renuncian a la prisa, se hacen más presentes para sí mismos y el mundo. A veces la gente bromea sobre el efecto *estiramiento facial* de la técnica de meditación *vipassana*, porque los meditadores abandonan los retiros con un aspecto más juvenil y más vivo. Cuando te ves con los ojos del amor, todo cambia.

Lo que te queda

No obstante, es difícil observar tu vida y compararla con los ideales que aparecen en las portadas de las revistas sobre celebridades, supermodelos y atletas olímpicos. Es fácil sentirse inferior a ellos. Al igual que el estudiante de secundaria preocupado por los exámenes, un ejecutivo agobiado por el trabajo o un padre de familia con problemas económicos, nos preguntamos si podemos compararnos con esas personas. Este ideal es una ficción imaginaria. De hecho, en su casa, las celebridades no tienen el mismo aspecto que en las portadas de las revistas. Su vida no está exenta de problemas: el envejecimiento de su cuerpo, los conflictos familiares, su economía. Al igual que todo el mundo, están sujetos a elogios y reproches, alegría y tristeza, dolor y pérdida. Compadecerte de tu vulnerabilidad humana es una práctica tierna y benevolente. La poetisa Alison Luterman dice que su vida es «un maravilloso fracaso».

Cuando los astronautas regresan a la Tierra se sienten agradecidos de respirar aire fresco y caminar sobre el suelo. Celebran haber regresado a casa. Este planeta, esta historia, este cuerpo son tuyos. Siente la alegría y la tristeza que conforman tu encarnación. Sí, quieres protegerte, pero recuerda que tus vicisitudes te enseñan el valor de la compasión. Tu vulnerabilidad te aportará ternura, y la renovación de cada día te aportará alegría. El reconocimiento de los maravillosos y complicados fracasos de tu vida te aportará paz.

Siéntete a gusto en tu piel. Practica la compasión hacia ti mismo. Cuida el jardín que se te ha dado, acéptalo, atiéndelo con amor. El maestro zen Suzuki Roshi lo resume con estas palabras: «Eres perfecto tal como eres. Y aún puedes mejorar». Ámate a ti mismo. Esta es la esencia. Luego, acepta tus imperfecciones humanas y crea belleza con ellas.

Itzhak Perlman, uno de los más grandes violinistas del mundo, es un ejemplo de ello. Perlman padeció polio de niño. Lleva aparatos ortopédicos en ambas piernas y para caminar se ayuda de dos muletas. Atraviesa el escenario despacio, pero con paso majestuoso, hasta que alcanza su silla. A continuación se sienta, deposita sus muletas en el suelo, suelta los cierres de los aparatos en sus piernas, se agacha para tomar el violín, se lo coloca debajo del mentón, hace una indicación al director de orquesta y comienza a tocar.

Pero en cierta ocasión, durante un concierto en el Avery Fisher Hall del Lincoln Center, en Nueva York, ocurrió un imprevisto. En medio del concierto, una de las cuerdas de su violín se rompió. El chasquido sonó como un disparo. Era un sonido inconfundible, que significaba que Perlman no podría interpretar la obra tal como había sido compuesta con su violín. Los asistentes se preguntaron si tendría que volver a colocarse los aparatos en las piernas y dirigirse entre bastidores en busca de otro violín u otra cuerda. Pero Perlman esperó un momento, cerró los ojos, hizo una señal al director y empezó a tocar de nuevo. La orquesta atacó los primeros compases y Perlman tocó sólo con tres cuerdas en su violín, modulando la obra en su cabeza y adaptándola a las cuerdas que le quedaban con pasión, rigor y una pureza extraordinaria.

Cuando terminó, un silencio de admiración llenó la sala. Luego el público se puso en pie y rompió a aplaudir. En cada rincón del auditorio sonaron aplausos, bravos y ovaciones. Perlman sonrió, se enjugó el sudor de la frente, levantó su arco para imponer silencio y dijo, no con tono jactancioso sino sereno, reflexivo y reverente: «A veces, en la vida tienes que averiguar cuánta música puedes crear con lo que te queda».

Maestría

Cuando nos encontramos con lo mejor de la humanidad —el mejor violinista, el mejor acordeonista, el mejor astrofísico, el mejor jardinero especializado en rosales— es inspirador. Los mejores artistas seguramente practican muchas más horas que las diez mil que Malcolm Gladwell asegura que se requieren para adquirir maestría. Cuando oímos a un genio musical como Yo-Yo Ma o Stevie Wonder, u observamos a una gimnasta olímpica como Simone Biles, vemos algo cercano a la perfección humana. Su perfección es una combinación de prodigiosas dotes y profunda dedicación. Y aunque sean los mejores en su especialidad, en otros ámbitos están lejos de alcanzar la perfección. Incluso un actor tan brillante como sir Laurence Olivier sufrió toda su vida un angustioso pánico escénico.

Es natural admirar y celebrar la excelencia y la dedicación que va unida a ella. Entregarte a un arte, un trabajo, una creación o una disciplina forma parte de tu libertad interior humana, gozosa y admirable. La dedicación y el compromiso te ayudan a ofrecer lo mejor de ti, perfeccionar tus habilidades y comprometerte con tu arte, tu trabajo, tu amor. Pero ellos y sus resultados son distintos de la perfección. Artistas, padres, atletas y chefs celebran sus mejores creaciones y sus mejores platos con satisfacción. Pero si se obsesionan con aferrarse a la perfección sufrirán y perderán su afán de entrega. Lo que proporciona alegría es la dedicación y la entrega. De lo contrario, como dice el actor Dustin Hoffman: «Cada crítica favorable no es más que un aplazamiento de la ejecución».

Un ejemplo clásico de este tipo de sufrimiento son los padres movidos por una ambición desmesurada que vemos en los partidos de fútbol o béisbol infantiles. Deseosos de convertir a sus hijos en futuras estrellas, y gozar ellos de una parte de esa gloria, increpan al equipo contrario y vociferan azuzando a sus hijos. Su obsesión despoja al partido del espíritu de juego y diversión que hace que este, y el partido de la vida, merezca ser disputado.

La dedicación y el compromiso son cualidades maravillosas que conviene atemperar con amor y sabiduría. Puedes marcarte objetivos, modular tu energía, trabajar con ahínco y tratar de hacerlo lo mejor posible, pero los resultados siempre serán inciertos. Las actuaciones más magníficas son efímeras, el arte más excelso es un maravilloso testimonio, y luego la vida sigue. La libertad requiere dedicación y entrega, pero no aferrase a los resultados.

Ya está rota

En este mundo todo está sujeto a cambio y renovación. Somos una corriente de yin y yang, experiencias sensoriales y sueños, un río cambiante de sentimientos y pensamientos. La coherencia es cosa de los comunicados de prensa; la vida se compone de incoherencia. Relájate. Acepta la paradoja del cambio y la eternidad con gentileza en lugar de rechazo y temor. Entonces comprobarás que en este mundo imperfecto existe otro tipo de alegría. Tenemos la facultad de ser imperfectos. Tenemos la risa de los sabios, la libertad de elegir nuestro espíritu al margen de las circunstancias. Tenemos la libertad de amar a pesar de todo. Amar entre la gloriosa, aterradora e innegable belleza de la vida. Tenemos la sabiduría y el coraje para amar con ternura en este juego efímero y evanescente de días.

Ajahn Chah sostuvo en alto su taza de té china favorita y dijo: «Para mí, esta taza ya está rota. Como lo sé, puedo beber en ella y apreciarla plenamente. Y cuando se caiga de la mesa, lo comprenderé. Así son las cosas».

La realidad requiere flexibilidad. Puedes hacer marcha atrás, repetir, cambiar de parecer, aprender a hacer las cosas de otra manera, doblegarte, vacilar, perder el juicio y recuperarlo, probar otra puerta, volverte, seguir otro camino, hacerlo todo con moderación, inclusive practicar la moderación. Puedes aprender a estar presente con curiosidad y descubrir lo que sucede a continuación.

Descubre el gozo de cometer errores, de confiar, de caer, de dejarte llevar por algo más grande que tú. Cuando Rossini componía su gran coro en sol menor, mojó la pluma sin darse cuenta en un frasco de medicina en lugar de en el tintero. «Se produjo un borrón que, cuando lo sequé con arena [aún no se había inventado el papel secante], adquirió la forma de un natural, lo cual me dio la idea del efecto que el cambio de sol menor a sol mayor tendría, de modo que el maravilloso efecto del coro es gracias a este borrón.»

Con la libertad de la imperfección viene el perdón y la compasión hacia uno mismo y los demás. Un joven oficial del ejército que tenía un genio muy vivo y problemas relacionados con el estrés solía perder los estribos con facilidad. Su coronel le ordenó que asistiera a un programa de meditación mindfulness de ocho semanas para reducir sus niveles de estrés. Un día, después de asistir a las clases durante varias semanas, se detuvo en el supermercado para comprar unas cosas de camino a casa. Tenía prisa y estaba de malhumor, como le ocurría a menudo. Cuando condujo su carrito hacia la caja para pagar, comprobó que había una cola de gente muy larga. Se fijó en la mujer que estaba delante de él, que llevaba sólo un artículo pero no se había colocado en la caja rápida. Portaba un niño en brazos, y cuando llegó ante la caja se detuvo a hablar con la cajera. El joven oficial se enfadó. La mujer estaba en una cola que no le correspondía, charlando con la cajera, haciendo esperar a los demás. «Qué egoísta», pensó. Entonces la mujer pasó el bebé a la cajera y esta se entretuvo un momento en hacer carantoñas al pequeño. La indignación del oficial iba en aumento. Pero, debido a que había practicado la meditación mindfulness, empezó a percatarse del calor y la tensión de su cuerpo, y sintió el dolor. Respiró hondo y se relajó. Cuando alzó de nuevo la cabeza vio que el niño le sonreía.

«Qué niño tan simpático», comentó a la cajera cuando se detuvo ante ella.

«A mí también me lo parece —respondió la mujer—. Es mi hijo. Su padre servía en la fuerza aérea y el invierno pasado murió en combate. Ahora tengo que trabajar a tiempo completo. Mi madre procura traerme a mi hijito un par de veces al día para que lo vea.»

Nos precipitamos en juzgar a los demás. Pero no debemos hacerlo. Mira de nuevo al mundo que te rodea. Con mindfulness, puedes verlo con ojos de amor y admiración. El filósofo Nietzsche describe cómo, más allá de nuestras ideas e ideales, nuestros corazones pueden abrirse. «Del abismo de la gran sospecha uno regresa renacido tras haber mudado de piel, más quisquilloso y sarcástico, con un apetito más exquisito para lo que le deleita, una lengua más dulce para todo lo bueno, unos sentidos más gozosos, una segunda y peligrosa inocencia en la alegría, más pueril y, sin embargo, cien veces más sutil que antes». Esta es una invitación a la libertad.

PRÁCTICA

Te veo, Mara

Mara, la encarnación mitológica de la codicia, el odio y la ignorancia, tiene por costumbre visitar con regularidad a todos los seres humanos. Un maestro de numerosos disfraces, sabe cómo atraparte. Mara puede aparecer como el temor o la desconfianza hacia uno mismo, transformarse en una tentación adictiva o una agresividad prepotente. Todos tenemos nuestro Mara personalizado que nos visita. Como las diez canciones más escuchadas en la radio, Mara adopta formas favoritas. En primer lugar, debes aprender a reconocerlas como aspectos de Mara. Pueden ser vergüenza o confusión, irritación o ansiedad, ira u odio hacia uno mismo. A menudo presentan una fachada idealista, indicándote cómo podrías mejorar, ser más inteligente, más delgado, más sabio. O cómo deberían ser los demás.

Puedes poner a las formas más frecuentes de Mara nombres divertidos, o un número. Quizá los visitantes más habituales sean la vergüenza o la autocrítica, la preocupación o la ira. «Vaya, el Mara número dos. Te veo.» O bien: «Vaya, el Mara de la ansiedad. Te veo». Utiliza el sentido del humor y la espaciosidad, el amor benevolente. «Aunque quieras hacerme compañía, no puedo dejar que te quedes mucho rato porque tengo otro compromiso.» Por más que Mara pretenda imponerte sus opiniones, conserva la calma y la benevolencia. Puedes tratar a Mara con compasión, pero no darte un atracón con él. Es un viejo amigo, y basta con que le digas «Te veo, Mara». Tu auténtica identidad es el amor benevolente, y cada vez que digas «Te veo, Mara», este pierde su poder y tú alcanzas la libertad.

PRÁCTICA

Practica la imperfección

¿Y si pudieras amarte plenamente, incluso tus imperfecciones? ¿Y si pudieras amar a los demás del mismo modo?

Quizá temas que si amas tu ira o tu pereza, tus adicciones o tu ansiedad, nunca podrás cambiar para mejor. Que tu ira, tu pereza, tu adicción o tu egocentrismo se intensificarán.

Pero si experimentas, comprobarás que a menudo ocurre lo contrario. Cuando te amas y aceptas con un amor más grande y más sabio, tu temor y agresividad, tu dependencia e inercia pierden su dominio sobre ti. Tu amor sabe de forma intuitiva lo que te conviene, un amor potenciado por el carácter sagrado de los afectos del corazón.

Pruébalo. Siéntate en silencio e invita a que te acompañe un sentido de presencia y amor benevolente. Al cabo de un rato, reflexiona: concéntrate en lo que consideras tus imperfecciones y defectos.

En primer lugar, reflexiona sobre cómo ves tu cuerpo. ¿Cuáles son sus defectos e imperfecciones?

Segundo, reflexiona del mismo modo sobre tu personalidad y carácter. ¿Cuáles son sus principales imperfecciones y defectos?

A continuación reflexiona sobre tus estados anímicos y las imperfecciones que ves en ellos, incluidas las imperfecciones en tus relaciones con los demás.

Imagina que te amas como eres, con todos tus defectos humanos. Todo ser humano tiene imperfecciones: forma parte de la encarnación humana. Tu misión es verlas con claridad y amarlas.

Ahora conviértete en el amor benevolente que es testigo de tu vida y la acepta con sus éxitos e imperfecciones en un mar de amor. Tú no eres tus defectos, traumas y temores. Estos constituyen problemas humanos externos que aparecen en la conciencia. Tú eres la conciencia intemporal, nacida con una belleza primigenia, fruto del espíritu que tiene una complicada encarnación humana, como los otros siete mil millones de seres humanos en el mundo.

Con esta profunda aceptación y amor benevolente, abandona el tribunal de este juez. Invítate a sosegarte, a sentirte a gusto con la totalidad de tu ser, amable y comprensiva. Con esta presencia que te acepta sin reservas harás elecciones más acertadas, no por vergüenza u odio hacia ti mismo, sino porque tu corazón benevolente te enseña a amarte. El corazón benevolente transforma toda la danza humana.

Después de aceptar tus imperfecciones de este modo, elige a otras personas con imperfecciones para incluirlas en esta práctica. Empieza por las más fáciles y sigue con otras más complicadas.

Contempla y acepta todas sus imperfecciones con profunda y benevolente conciencia. No te apresures. Observa cómo esta aceptación cambia tus conflictos y sentimientos en sentido positivo. Otras personas son aprendices, al igual que tú. Cuando imagines amarlas con todos sus defectos, observarás que tu mirada benevolente y tu afecto inspira lo mejor en ellas. Como dijo Nelson Mandela: «Siempre conviene ver lo bueno en las personas. A menudo hace que sean mejores».

9

El don de una mente abierta

He ahí un hombre con una mente abierta;
sientes la brisa desde aquí.

GROUCHO MARX

Del mismo modo que tus pulmones se expanden y contraen, tu mente hace lo propio. La mente investiga el mundo organizando un río cambiante de datos sensoriales en percepciones, estableciendo un sentido del yo y el otro, tiempo y perspectiva, significado, valores e ideas. Dependemos de estas percepciones y experiencias pasadas para ordenar nuestro mundo. Cuando la mente está abierta, vemos con claridad, descubrimos, gozamos y respondemos a la vida. Cuando tenemos la mente cerrada, el mundo se hace pequeño, angustioso y rígido. Ten presente que, sea cual sea la perspectiva que elijas, no es más que eso: un punto de vista, entre muchos otros, enfocado desde un ángulo limitado.

El zen y el arte de abrirte

En un retiro en la costa de Big Sur, invité a varios maestros y lamas a que nos visitaran. Kobun Chino Roshi, un maestro zen, nos enseñó cómo abrirnos a muchas posibilidades, tras lo cual se ofreció para demostrar el célebre arte del tiro con arco zen. La tarde fijada, instaló su diana en el extremo oeste de un elegante césped, que daba al océano Pacífico. Los participantes en el retiro y los maestros se congregaron en él, y Roshi construyó un hermoso altar improvisado sobre una cercana roca, donde rezó unas oraciones. Luego, despacio y con exquisito esmero, como si ejecutara un *ballet*, hizo una reverencia y se cambió, poniéndose una túnica de seda blanca. Sacó su arco del estuche de cuero y lo encordó. A continuación sacó las flechas del estuche, se sentó a meditar sosteniéndolas en su regazo unos momentos, las examinó desde las plumas hasta la punta y, por fin, seleccionó una. Se levantó y avanzó, con gesto de profunda concentración, hasta situarse a cincuenta pasos de la diana, donde se detuvo, alerta, en silencio, presente.

Los espectadores guardaron silencio. Al cabo de largo rato, Roshi levantó su arco y colocó la flecha. Se volvió hacia la diana, despacio, tensó el arco, apuntó y, al cabo de un largo intervalo de tiempo, alzó el arco y disparó. La flecha voló sobre la diana y el acantilado y cayó en el océano. ¡Éxito! Roshi sonrió satisfecho. Luego se entretuvo otros quince minutos en descordar el arco con gestos elegantes, recoger las flechas, inclinarse ante el altar y ponerse de nuevo su túnica negra. Por último, se rio y nos hizo una reverencia.

Cuando el primo de Evan se comprometió con una mujer egipcia musulmana que había conocido en la universidad, Evan decidió ir a visitarlos. Quedó con la pareja en un café y, cuando vio que la novia de su primo llevaba un pañuelo alrededor de la cabeza, su mente se inundó de prejuicios. No conocía a ningún musulmán, de modo que cuando resultó que la joven era una persona divertida, simpática, de mente abierta e inteligente, Evan se llevó una sorpresa. Se sintió como un estúpido por haber caído en el juego de los estereotipos y haber rechazado a una quinta parte de la humanidad.

Sandra, una maestra de instituto, también experimentó un cambio de parecer semejante cuando la trasladaron a un instituto urbano lleno de chicos pandilleros cubiertos de tatuajes. Sus pantalones exageradamente anchos y su forma de hablar chulesca, su actitud agresiva y violenta, sobre la que ella había leído y que había visto en televisión, le infundían temor. Hasta entonces siempre había atravesado la calle para evitar a personas como ellos. Pero, al cabo de seis meses de dar clase a estos chicos, Sandra cambió de opinión. Averiguó los pormenores de las vidas y los problemas de Pedro, Vinh y Malcolm, quienes se convirtieron en personas reales para ella. Ahora, atraviesa la calle para ir a su encuentro y saludarlos. Y ellos dicen: «Hola, Sandra, ¿cómo estás?» Se han hecho amigos suyos.

Prejuicios y perspectiva

Los investigadores David Hubel y Torsten Wiesel, ganadores del Premio Nobel, demostraron lo potente que puede ser el condicionamiento perceptivo en un estudio en el que unos gatitos recién nacidos fueron divididos en tres grupos, cada uno de los cuales fue colocado en un entorno distinto durante los críticos días en que empezaron a abrir los ojos y a desarrollar su visión. El primer grupo fue colocado en una caja blanca pintada con rayas negras horizontales; el segundo, en una caja blanca con rayas negras verticales; y el tercero, en una caja completamente blanca. El *imprinting*, o impronta, de los primeros días persistió en los gatitos toda su vida. Los que se criaron en un mundo sólo con rayas horizontales no podían ver correctamente nada vertical. Chocaban continuamente con las patas de sillas y mesas, que no percibían. Los gatitos criados en un mundo vertical no veían las rayas horizontales. Los gatitos criados en un mundo totalmente blanco se mostraban aún más desorientados y tenían dificultad para moverse bien alrededor de cualquier objeto.

Dependiendo de tu perspectiva, puedes ver una vaca como un animal que produce leche, como carne, cuero, una madre, un ungulado, un animal de granja, un ser sagrado según los hindúes o un misterio viviente. Si ves una vaca sólo como carne o una inversión, tu percepción resulta muy limitada. Lo mismo cabe decir sobre personas y culturas en todas las circunstancias de la vida. Puedes ver, influido por tus deseos y opiniones, o puedes mirar con renovados ojos y experimentar la libertad que te aguarda con paciencia. ¡Qué alegría, afrontar el mundo con la mente abierta! Es un doble don: un don de libertad para ti y una bendición para los demás.

Pero ver con claridad también implica dolor. Pasamos por alto algunas áreas de la vida a fin de evitar conflictos o sentirnos abrumados. Desviar la vista puede ocultar pérdida, injusticias, adicción, superficialidad, intolerancia. Ver con claridad requiere coraje. Cuando Ram Dass impartía clases sobre compasión y servicio en Oakland, California, pidió a los estudiantes que prestaran atención a su forma de reaccionar ante aquellos que sufrían a su alrededor. Una mujer dijo que había dado dinero durante meses a un hombre sin techo de su barrio cada vez que pasaba junto a él, pero nunca lo había observado con atención. Ahora comprendía el motivo. «Si lo miro a los ojos, me temo que acabará durmiendo en el sofá de mi cuarto de estar.»

No tienes que llevar a tu casa a las personas «sin techo» y a todas los que sufren en el mundo, pero tienes que aprender a verlas con claridad y acogerlas en tu corazón. Al cabo de un tiempo, esta mujer se convirtió en una aliada de su vecino, el hombre sin techo, y su interés y caridad cambió la vida de ambos. Tienes que tratar con ternura las heridas y los traumas del mundo y de tu vida. Cuando abres tu corazón poco a poco, con suavidad, con cuidado, escuchas cómo son las cosas en realidad con interés y afecto, y las ves con renovada curiosidad, de forma distinta y benevolente.

Una mente abierta permite la vibración de vivir el momento. En el teatro, por brillante que sea un actor, siempre queda eclipsado cuando aparece en escena un niño o un perro. Nos encanta ver algo sorprendente, que se aparta del guion. La espontaneidad, la creatividad, la viveza son signos de una mente libre y abierta. Suzuki Roshi, el maestro de Kobun Chino, dijo: «En la mente del principiante caben muchas posibilidades; en la del experto, pocas».

Cuando afrontas el presente con una mente abierta, observa cómo tu experiencia directa es invariablemente distinta de la idea que tenías sobre ella. Una persona siempre resulta más interesante, multidimensional e inesperada que tus ideas preconcebidas. El recuerdo que guardas de un primo o tu opinión sobre un líder a menudo se evaporan cuando te encuentras con ellos en persona. ¿Qué ocurriría si fueras más flexible en tus perspectivas?

Puedes contemplar el mundo como un conservador, un liberal o un libertario, como un científico o un fundamentalista; puedes verlo como un lugar temible o una celebración de creatividad. No olvides el respeto. Cada una de estas perspectivas es valiosa, pero sólo representa una verdad parcial. Cuando sostienes creencias rígidas, sufres. Como observó el Buda: «Quienes se aferran a sus opiniones irritan a la gente». El antídoto es un corazón abierto.

Derribar barreras

Cuando llegó el primer grupo de occidentales al monasterio de Ajahn Chah, seguido por muchos más, algunos lugareños propusieron que construyeran un monasterio en el cercano bosque donde impartieran las enseñanzas en inglés. La idea prosperó, y las enseñanzas impartidas en este nuevo templo, de forma estricta pero benevolente, inspiraron la ordenación de monjes y monjas occidentales de diversas procedencias. Una monja norteamericana, sincera y carismática, llegó a ser muy apreciada en las aldeas locales debido a su dominio del tailandés y el laosiano. Pero al cabo de cinco años se marchó de forma inesperada, sin más explicaciones.

Entristecidos por su partida, los lugareños se sorprendieron al verla regresar al cabo de un año, convertida en una cristiana evangélica. La exmonja se alojó en el monasterio y se dedicaba a exhortar a los residentes y aldeanos a que abrazaran el cristianismo. Al cabo de un tiempo, esto empezó a molestar y a disgustar a muchos lugareños. Decididos a reaccionar con contundencia ante el afán evangelizador de la exmonja, fueron a consultar con Ajahn Chah. Un grupo de monjes y seglares de la aldea recorrieron los casi veinte kilómetros a través del bosque hasta el monasterio principal. Le expusieron al maestro la situación, comentándole que les disgustaba que la exmonja predicara el evangelio en su templo budista. La situación no era una novedad para Ajahn Chah; otros le habían hablado de las actividades evangélicas de esa mujer. «¿Cómo vamos a permitir que haga eso?», preguntaron los lugareños. «¿Podemos silenciarla u obligarla a marcharse?» El grupo quería librarse de ella a toda costa.

Ajahn Chah escuchó cada una de sus quejas. Luego, sonrió satisfecho.

«Bueno —dijo—, puede que esa mujer tenga razón.»

Casi todos se rieron. Se percataron de la rigidez con que sostenían sus puntos de vista budistas y el sufrimiento que ello producía. Cuando se despidieron de Ajahn Chah, algunos sonreían, otros suspiraban. A partir de entonces, los lugareños dejaron de oponer resistencia a la actividad evangelizadora de la exmonja, y al poco tiempo esta se marchó.

La madre de Talitha era una mujer del sur, con profundas ideas conservadoras, y su padre era un hombre de negocios republicano. Cuando Talitha empezó a frecuentar una comunidad que practicaba el yoga y la meditación, sus padres se alarmaron, aunque en el club de campo al que pertenecían también ofrecían clases de yoga. Cuando Talitha iba a visitarlos, discutían sobre temas espinosos como inmigración, aborto y religión, lo cual hacía que sus visitas resultaran muy desagradables e impedía que la familia manifestara su amor.

Al cabo de un tiempo, Talitha se enamoró de Jeff, un hombre fuerte y comprensivo que vivía en Washington y la trataba muy bien. Jeff era asimismo un conservador convencido. Durante sus largas conversaciones, ambos trataban de convencerse mutuamente de sus ideas y, dado que eran generosos y estaban enamorados, escuchaban los argumentos del otro con atención. En consecuencia, la siguiente vez que Talitha regresó a casa para visitar a sus padres, se mostró más abierta y libre de prejuicios. Los padres de Talitha no modificaron sus puntos de vista, pero la conversación discurrió por unos cauces más amables por ambas partes, sin generar conflictos, procurando todos compartir sus puntos de vista. Esto hizo que la puerta del amor se reabriera, y Talitha comprendió que podía mantener una conversación sincera sin caer en los reiterados conflictos del pasado.

Cuando te das cuenta de la forma en que te aferras a tus puntos de vista, rompes el círculo vicioso del error y recuperas la conexión.

Desde luego, es natural tener opiniones. La cuestión estriba en si hacen que se cierre tu mente y tu corazón. Puedes tener opiniones sobre banqueros, ateos, la generación de la posguerra, evangélicos, feministas o abogados. Puedes tener opiniones sobre las ideas políticas, la religión, el estilo de vida o el modo de vestirse de los demás. Crees saber cómo son. La libertad requiere que te preguntes: «¿Por qué tengo estas opiniones tan rígidas? ¿Qué otros aspectos de esas personas son también reales?»

Observa con ojos renovados e inocentes a la próxima persona que aparezca. ¿Quién es en realidad? ¿Cuáles son sus sueños? ¿Cómo es de profundo su corazón? ¿Qué le reserva el destino? ¿Qué dones posee? Este tipo de preguntas pueden modificar lo que piensas sobre los demás y, dado que buena parte de tus ideas preconcebidas son en realidad proyecciones, lo que piensas de ti mismo.

¿Estás seguro?

Me fascinan los momentos inesperados en que me doy cuenta de que he visto algunas cosas de forma errónea. He pasado muchos meses en Bali, donde hay miles de bellísimos templos hindúes y tienen una rica tradición de danzas sagradas y rituales colectivos cotidianos. Durante un viaje reciente, visité la aldea de un conocido pintor a última hora de la tarde y recorrí un sendero bordeado de árboles que conducía a uno de los templos más grandes, situado en las afueras de la aldea. Detrás de un muro de piedra esculpido, de casi dos metros de altura, vi unas cincuenta figuras vestidas de blanco, moviendo la cabeza arriba y abajo, llevando a cabo lo que supuse que era una importante ceremonia del templo. Me acerqué para admirar el hermoso ritual. Pero al aproximarme oí música, y al asomarme sobre el muro comprobé que no era una antigua ceremonia sagrada, sino una clase de aerobic.

«No vemos el mundo como es —dice el Talmud—, sino como somos.» Cuando Samuel Burke, que se quedó ciego a los diez años, recuperó la vista a los cincuenta, le asombró el aspecto de la luna creciente y preguntó qué era. Siempre había imaginado que la luna en cuarto creciente era como la cuarta parte de un pastel. Al igual que Samuel, todos tenemos ideas erróneas. A veces nos aferramos a ella adrede. «No me lo presentéis», dijo el célebre ensayista Charles Lamb sobre un hombre que le caía mal. «Quiero seguir detestándolo, y no puedo detestar a un hombre que conozco.»

Cuando tu mente se cierra, pierdes una conexión auténtica con los demás y caes en una actitud defensiva, en la rigidez, el temor y el conflicto. En el peor de los casos, te engañas a ti mismo y vives una mentira. Michael Ventura explica:

Las personas a las que tienes que mentir te poseen. Las cosas sobre las que tienes que mentir te poseen. Cuando tus hijos comprueban que otras personas y otras cosas te poseen, ya no son tus hijos, sino hijos de aquello que te posee. Si el dinero te posee, son hijos del dinero. Si tu necesidad de fingir y tus falsas ilusiones te poseen, son hijos de tu doblez y tus falsas ilusiones. Si tu temor a la soledad te posee, son hijos de la soledad. Si tu temor a la verdad te posee, son hijos del temor a la verdad.

Míralo bien

En ocasiones, cuando acompaño a personas en su lecho de muerte, las oigo lamentarse de no haber vivido sus sueños, de no haber expresado su verdad, de no haber amado bien. Me sorprende la sinceridad y la ternura que manifiestan en esos momentos, su deseo de llevar a cabo lo que el programa de doce pasos denomina «un inventario implacable» de nuestra vida.

Pero no tienes que esperar hasta el final de tu vida para ver con claridad. Incluso hoy puedes mirar con claridad y coraje, sin temer contemplar tus defectos y realizar los oportunos cambios y correcciones. Puedes contemplarlos con renovados ojos.

Un indonesio, que había sido encarcelado acusado de un delito que no había cometido, le imploró a su esposa que procurara llevarle una sierra u otra herramienta para escapar. Pero las autoridades prohibieron a su mujer que lo visitara y sólo permitieron que le enviara una alfombra de rezo. El hombre se sintió muy deprimido durante semanas. ¿Por qué no le había enviado su esposa algo que le fuera útil? Un día, mientras miraba la alfombra, observó que su esposa había tejido en ella un diagrama de cómo escapar de la prisión.

Una mente cerrada es una prisión. El amor y la libertad que anhelas son tu patrimonio. Abre los ojos y comprobarás que están aquí, esperando a que abandones tus rígidos puntos de vista y veas las cosas con claridad.

Durante una conferencia en Berkeley sobre mindfulness y la ley, oí a un juez dar estas instrucciones a un jurado:

Deseo que presten atención a lo que oigan en esta sala. Quizá les resulte útil sentarse en una postura que transmita dignidad y presencia, y centrarse en la sensación de su respiración mientras escuchan las pruebas. Tengan en cuenta la tendencia de su mente a sacar conclusiones precipitadas antes de la exposición de todas las pruebas y los alegatos finales de los letrados. Procuren abstenerse de juzgar y limítense a tomar nota de todo cuanto se diga en esa sala, en cada momento. Si comprueban que su mente divaga con frecuencia, céntrense de nuevo en su respiración y en lo que oyen, tantas veces como sea necesario. Cuando se hayan presentado todas las pruebas, les tocará deliberar juntos como jurado y llegar a una decisión. Pero no antes.

Cuando te encuentres con alguien, procura verlo como es en el momento presente. Cuando hables con una persona que sostiene una perspectiva distinta de la tuya, escúchala con la mente abierta y conectarás con ella de variadas y sorprendentes formas.

Aborda cada nuevo momento con admiración y gratitud y comprobarás que nunca es demasiado tarde para abrir tu mente y tu corazón. Como dice Bob Dylan en su canción: «El que no nace se muere». Vive la vida con plenitud y libertad.

El poder sanador de las palabras

Las palabras tienen un poder enorme. Están en el inicio de viajes, matrimonios, películas, litigios y guerras. Y también pueden ponerles fin. Hablamos a bebés cuando aún están en el vientre de la madre, y el río de palabras continúa incluso después de que una persona haya emitido su último suspiro. Como oleadas de agua, las palabras pueden herir y separar o conectar y sanar.

En cierta ocasión llamaron a un conocido sanador para que dijera una oración especial para una niña que estaba enferma; la medicina que tomaba no había surtido efecto. Después de orar, el sanador dijo: «Ahora sanará». Un observador, que asistía a la escena con gesto escéptico, afirmó que rezar era una tontería y no servía para nada. El maestro sanador se volvió hacia él y le espetó: «Vistes como un campesino ignorante y te expresas como un auténtico imbécil». El observador se enfureció, y cuando iba a replicar al sanador, este se apresuró a añadir: «Un momento. Si unas pocas palabras son capaces de hacer que te pongas rojo y te enfurezcas, ¿por qué no pueden tener otras palabras el poder de sanar?»

Durante la época en que trabajé en apoyo de los partidarios de la paz en Palestina e Israel, uno de los programas que visité consistía en reunir a adolescentes de ambos lados. Después de tres veranos compartiendo campamentos, proyectos, argumentos, bailes y diálogos, los adolescentes invitaron a sus padres a reunirse con ellos. Eran tiempos de grandes tensiones políticas, pero los padres palestinos obtuvieron permiso para ir a reunirse con otras familias en Israel. Yo me hallaba en un círculo en el campamento con uno de los grupos de adolescentes. Se habían hecho muy amigos y tenían las manos enlazadas. Sus padres formaban un círculo detrás de ellos, observando la conexión que los adolescentes habían creado. De pronto, una madre palestina comentó con dulzura: «Durante veinte años, los únicos israelíes que he visto eran soldados. Había olvidado que también tienen madre». La felicidad surge de un corazón abierto.

Cuando te acercas a los demás con expectativas, exigencias y estereotipos, no conectas con ellos. A lo sumo cambias unas frases superficiales, y a menudo ambos asumís una actitud defensiva o se produce un conflicto.

Con una mente abierta, puedes abordar conversaciones, a parientes, amigos y enemigos, creatividad y conflictos, con la disposición de escuchar y aprender en lugar de defenderte. Una mente abierta hace que escuchemos a los demás con empatía y fomenta la comprensión por grandes que sean las diferencias. Esto no significa que debas mostrarte de acuerdo con los demás o renunciar a tus límites. Es muy simple. Cuando te expresas con una mente abierta lo haces con sinceridad e interés, con el deseo de ser útil y sintonizar con los demás. Significa que entablas una conversación con interés, con el deseo de comprender las circunstancias y perspectivas de la otra persona. Esta apertura de mente tiene un impacto enorme, tanto en las relaciones personales como en la creación de una comunidad o en política.

Comunicación sincera

Un grupo de activistas antinucleares británicos llevaban varios meses organizando protestas y manifestaciones contra el despliegue de más misiles. Los líderes del grupo estaban convencidos de que protegían a millones de personas y demás seres vivos de un grave desastre potencial. Por fin, después de largas negociaciones, los líderes del grupo fueron invitados a reunirse con el general de la OTAN que estaba al mando del almacenaje de los misiles. La víspera de dicha reunión, la mujer que encabezaba la delegación comprendió que si empezaban atacando al general por esta política destructiva y homicida la reunión adquiriría un tono beligerante, se polarizaría y no conduciría a ninguna parte. La mujer tuvo una revelación: era preciso hacer que el general sintiera que también protegía a millones de personas. A la mañana siguiente, al comienzo de la reunión, la mujer dijo:

—Debe de ser difícil sentirse responsable de proteger tantos millones de vidas.

—Lo es —respondió el general.

Este fue el comienzo de un diálogo muy productivo en el que el general compartió sus pensamientos sobre cómo reducir el número de misiles.

Una comunicación sincera y libre empieza por una atención benevolente hacia ti y el otro. Articulada en el brillante trabajo de Marshall Rosenberg titulado *Comunicación no violenta*, promueve escuchar con sensibilidad y expresar con tacto los sentimientos, las necesidades y los deseos. Este tipo de comunicación crea resonancia y confianza entre quienes están en conflicto. Escuchar de esta forma significa desear tocar el alma, la inocencia perdida detrás de los ojos de la persona que está ante ti, por inconsciente y destructiva que se haya mostrado con anterioridad. La comunicación no violenta ha sido utilizada para ayudar a grupos en conflicto, desde Ruanda y Kosovo hasta el Congo y Colombia.

Con este espíritu trabajé recientemente con activistas y personas deseosas de contribuir a resolver el conflicto en Birmania. Estos valerosos monjes y monjas, estudiantes y líderes, eran almas gemelas. Exploramos diversas estrategias para promover una mente abierta y la verdad, echando mano de antiguos principios budistas sobre armonía social y una sociedad sabia. Pero el Gobierno militar se dedicaba a fomentar en las calles un creciente temor y prejuicios contra los musulmanes. Existía una gigantesca campaña antimusulmanes y antiemigrantes, sustentada por manifestaciones, periódicos de gran tirada y *trolls* en las redes sociales. Taxistas y mecánicos se referían con evidentes prejuicios y racismo a «ellos» y al peligro que representaban. He oído prejuicios similares contra gitanos en las calles de San Petersburgo, contra los árabes en Jerusalén, prejuicios manifestados en todos los países que he visitado: en Asia, América Latina, África y, por supuesto, Estados Unidos. Es doloroso comprobar cuánto sufrimiento provoca la ignorancia y una mente cerrada. Ahora, en respuesta, los activistas en Birmania divulgan las enseñanzas de amor benevolente y respeto mutuo en lugar de odio. Contrarrestan el temor y la intolerancia con amor. Y a raíz de que Aung San Suu Kyi fue nombrada jefa de Gobierno, se ha producido un notable cambio en Birmania, junto con la esperanza de que dejen de utilizar a los musulmanes como chivo expiatorio.

Escuchar con una mente abierta te permite conocer las perspectivas de otros. Al margen de tu punto de vista, los demás contemplan la situación de modo distinto. Escuchar con atención no niega tus propias experiencias, sentimientos, necesidades o preferencias. Al contrario, aporta un aire de compasión mutua que permite que los problemas puedan abordarse y exponerse desde múltiples perspectivas. Puedes abordar una situación complicada, ya sea religiosa o política, u otra de escasa importancia, como a quién le toca sacar la basura, con una actitud defensiva, rígida, convencida de tus puntos de vista. O puedes asumir la mente del principiante de «no saber» y ver con mayor claridad en qué sentido la situación te afecta a ti y a quienes te rodean.

El mundo es más grande de lo que cree una mente cerrada, más grande que tu memoria y tus opiniones. Por supuesto que tienes puntos de vista y opiniones. Pero lo que te mantiene bloqueada es el hecho de aferrarte a ellos. Lao Tzu observa que «el filósofo está casado con su oponente». Para ser libre, Ajahn Chah aconseja que te retires de la batalla. Descansa en la conciencia benevolente que es tu auténtico hogar. Aunque puedes atesorar tus valores, debes hacer sitio para acoger a otros. Esta generosidad te será muy útil en todos los cambios inevitables que se producen en este misterioso mundo.

En cualquier momento puedes darte un respiro, abrirte más allá de tus percepciones, ver el mundo con la mente del principiante. Siente cómo tu cuerpo responde, haciéndose presente, calmándose, descansando en su actitud abierta. Observa que, cuando te abres, los otros relajan su actitud defensiva. Muéstrate curioso, benevolente e interesado. Aprende a ver desde renovados ángulos. Nunca es tarde para abrir tu corazón y tu mente.

PRÁCTICA

¿Es verdad esto?

Con ternura y respetuosa curiosidad, tómate unos minutos para preguntarte:

¿A quién miro con una mente cerrada? (Individuos y grupos.)

¿Qué miro con una mente cerrada?

¿Cómo puedo contemplar el mundo con una mente cerrada?

Ahora piensa en una persona, una situación o una perspectiva que contemplas con una mente cerrada.

Trata de modificar tus percepciones.

¿Cómo sé que lo que creo es absolutamente cierto?

¿Y si lo que creo no fuera cierto?

¿Hay otra forma de ver esto?

¿Y si fuera cierto lo contrario de lo que creo?

¿Cómo puedo saber con certeza que no lo es?

¿Qué sufrimiento causa el hecho de sostener un punto de vista tan rígido?

¿Y si renunciara a lo que creo y observara de nuevo a la persona o situación con otros ojos?

10

El don de la autenticidad

Hay una vitalidad, una fuerza vital,
una energía que se traduce a través de tu persona en
acción. Puesto que eres único, esta expresión es única.
Si la bloqueas, nunca existirá.

MARTHA GRAHAM

Las personas que no presumen de nada, que no se ocultan detrás de una fachada, son encantadoras. Se muestran tal como son, sinceras, directas, abiertas. Este tipo de naturalidad es tu auténtica riqueza. Sin tratar de imitar ni parecerte a nadie, siendo tú mismo de una forma abierta y sincera. Alegre o triste, ansioso o lamentándote de tu soledad, agradecido o preocupado, honra todos tus estados anímicos: tus dones, tus problemas, tus defectos. Da gusto cuando una persona se expresa con franqueza.

Naciste para hacer esto

En una carta a *Sun Magazine* en 2010, Erika Trafton describe esta escena con su hijo:

«¿No estoy monííísimo?», pregunta mi hijo, estirando la palabra como un caramelo de dulce de leche. «Desde luego», respondo. El vestido, rosa y turquesa, probablemente está hecho de un material inflamable, la concepción de un químico del tul y del raso. Unos dedos rechonchos decorados con laca rosa acarician las lentejuelas del corpiño. «¡Me encantan!» Un par de gigantescas alas color rosa chicle se agitan despacio. Unos diminutos pies calzados en unas relucientes zapatillas rojas ejecutan unos pasos de baile. «¡Parezco una verdadera princesa!» «¡Es verdad!», contesto.

El pelo rizado, una sonrisa radiante, una piel inmaculada. Este niño es el paradigma norteamericano de la belleza. Este niño es mi hijo. Tiene cuatro años y medio y prefiere lucir vestidos. Quizá sea una fase, quizá no. Mientras me pregunto cómo es posible que haya parido una criatura tan angelical, desearía que se pusiera un pantalón y jugara con tractores de juguete, no porque me importe (no me importa), sino porque ya oigo en mi cabeza los epítetos que tendrá que soportar en la guardería. Sus vestidos chocan a muchos adultos. Algunos extraños se deshacen en disculpas, turbados, cuando se dan cuenta de que mi hijo no es una niña. En esta cultura no hay sitio para niños que quieren ser monísimos.

Mi hijo toma una sombrilla que le ha dado una vecina, la abre con gracia y la apoya en su hombro. «¿Soy guapo?», pregunta. Yo lo cojo en brazos y le beso en la mejilla. «Guapísimo.»

Aunque esta historia está relatada por la escritora Erika Trafton, también es nuestra historia. Todos somos Erika y su hijo. Mira a los ojos de un niño o una niña de tres años. Todos los niños tienen un espíritu naturalmente libre, que quiere bailar, jugar, gritar y crear. Con el tiempo, conforme nuestro espíritu es sometido a la culturización y la disciplina, en ocasiones nuestra mente y nuestro corazón se cierran. A veces parece como si hubiéramos perdido nuestro espíritu, pero sólo está dormido. El niño o la niña del espíritu que hay en ti aguarda para expresarse con total libertad.

En una viñeta de un fondo marítimo en calma, dos pececitos conversan entre sí. Uno dice: «Lo quiero todo, el pequeño acuario de cristal, el castillo de plástico, los guijarros azules». Algunas personas adquieren un velero porque cuando navegan impulsados por el viento su espíritu cobra vida. Otras adquieren un velero porque todos sus vecinos en el club tienen un barco y piensan que ellas también deben de tener uno. Vive tu vida, no una vida de comparaciones. La filosofía zen lo expresa de modo muy simple: «No utilices el arco de otro; no montes el caballo de otro». Al margen de lo que deseen quienes te rodean, sólo debes ser fiel a una persona, y esa persona eres tú.

Ser fiel a uno mismo

El mundo moderno hace que nos resulte difícil conocernos a nosotros mismos. La pérdida de conexión con nosotros mismos empieza muy pronto, cuando queremos sobrevivir y sentirnos amados e incluidos. Miramos a nuestro alrededor e imitamos a otros, tratando de encajar. A menudo nuestra familia, la escuela y la comunidad no valoran nuestro espíritu singular. Desean que nos comportemos como «deberíamos», no como somos.

Un niño de siete años fue a cenar con su familia y sus vecinos a un restaurante cercano a su casa. Cuando la camarera se acercó para tomar el pedido, Josh dijo que quería «un perrito caliente y un refresco». Su madre se volvió hacia la camarera y dijo: «Tráigale un bistec rebozado, puré de patata, judías verdes y un vaso de leche». La camarera tomó el pedido al resto de los comensales y, antes de alejarse, se volvió y preguntó: «¿Prefieres kétchup o mostaza con el perrito caliente?» Cuando se marchó, Josh comentó satisfecho: «Ella cree que soy real».

A menudo, nuestra cultura reprime el espíritu en lugar de celebrarlo. Un artículo de portada en el *Wall Street Journal* afirmaba que

45 millones de niños norteamericanos de entre dos y doce años toman antidepresivos, fármacos para combatir el TDAH (trastorno por déficit de atención e hiperactividad), ansiolíticos, antihipertensivos y antipsicóticos. Con frecuencia, niños y niñas demasiado bulliciosos y pletóricos de energía para permanecer sentados todo el día a sus mesas en el colegio están medicados, cuando lo único que quieren es jugar y correr con sus amigos. Y no sólo los niños. Aparte de la extendida adicción a diversos medicamentos, muchos adultos modernos se pasan la vida enviando correos electrónicos, ingiriendo anfetaminas, consumiendo, bebiendo y abusando de otras drogas para mantenerse ocupados y aliviar su ansiedad.

La puerta del jardín se abre en cuanto nos percatamos de las variadas formas en que estamos atrapados. Vernos a nosotros mismos con claridad, sin adornos, es el comienzo de la libertad.

¿A quién eres fiel?

¿Cuándo te sientes más libre para ser tú mismo? Existen mil respuestas posibles: cuando estoy solo, en una fiesta, cuando viajo, cuando me tomo un par de copas, en el bosque, con mis hijos, cuando trabajo, cuando cocino, cuando monto en bicicleta, cuando salgo a navegar, cuando veo un partido de fútbol, con mis amigos, de vacaciones. ¿Y cuándo te sientes menos libre para ser tú mismo? En el despacho, en eventos sociales, con mis suegros, ante un numeroso grupo de personas. ¿Qué sientes en cada una de esas situaciones? Cuando trabajas, ¿te sientes libre para ser tú mismo: creativo, obstinado, lento o rápido, colaborador o individualista? Cuando desempeñas tus tareas y en tus ratos de ocio, ¿eres fiel a ti mismo? ¿Vives tu vida? Cuando escribes o hablas, ¿imitas a alguien o cuentas tu propia historia? Cuando empiezas a practicar la meditación mindfulness, te conoces mejor a ti mismo y tu claridad se intensifica. Ves tus hábitos, tus temores y tus condicionamientos. Y junto con ellos aprendes a conocer tus sentimientos y valores más profundos, tus dones, tu visión y tus objetivos. Puedes verte a ti mismo con perspectiva y sentirte más intensamente vivo.

Un buen amigo y meditador dedicado, el CEO de una importante corporación norteamericana, asistió a un retiro en Spirit Rock. Durante los primeros días de su retiro, como la mayoría de los meditadores, comprobó que su atención divagaba con frecuencia y le dolía todo el cuerpo. Analizó conversaciones que habían quedado pendientes, experiencias pasadas y planes futuros. Poco a poco, a medida que su mente se calmaba y su atención se estabilizaba, las cualidades de paz y amor benevolente empezaron a estar más presentes en sus sesiones de meditación. Nos veíamos todos los días y me informaba de los cambios que se producían en su experiencia y sus percepciones. Veía con más claridad los patrones que había heredado, los problemas que debía solventar, los deseos, la cambiante insustancialidad de todo, la necesidad de aprender a soltar.

En nuestro último encuentro en privado, me miró con satisfacción y gratitud. Sonrió y dijo algo inesperado:

«Debí vestirme mejor para venir a este retiro.»

Cuando le pregunté por qué, respondió:

«Cuando te encuentras por primera vez contigo mismo, ¡debes presentar buen aspecto!»

Cuando decides ser tú mismo, compruebas que existen muchos «yoes». A veces te muestras introvertido y otras extravertido, o como anarquista o republicano. Puedes estar enfermo y luego recuperarte. Puedes ser un soldado, un sanador, un padre y un idiota. Tus intereses, gustos, percepciones, valores, circunstancias e incluso tu salud cambian. La persona que eras tiempo atrás eras tú en esos momentos. Cambias sin cesar. Pero debajo de esos cambios hay una libertad fundamental, el tesoro de estar presente, vivo aquí y ahora. Con esta libertad, puedes perseguir tus anhelos más íntimos y permanecer fiel a ti mismo hasta la médula.

No temas expandirte, explorar, descartar y probar cosas, soltar, experimentar. En el ser humano hay creatividad, contradicciones, esplendor. Walt Whitman ha recordado a muchas generaciones: «¿Me contradigo a mí mismo? Pues sí, me contradigo. Soy grande, contengo multitudes». Cuando eres fiel a tu vasto ser y a tu silenciosa naturaleza interior, adquieres integridad y coraje. Conforme las condiciones y las expresiones externas de tu ser cambian, cambia tú también. Celebra todo lo que eres.

Empieza donde estás

Naces con un temperamento, una personalidad y unas facultades únicos. Aprendes, creces, te desarrollas, luchas, sufres, triunfas, perdonas, te aferras y sueltas. A veces tu vida es fácil, gozas de salud y de prosperidad. A veces es dura, porque tienes que cuidar de un hijo discapacitado o un padre enfermo. O te esfuerzas por encontrar trabajo y llenar la nevera. Incluso cuando las circunstancias son favorables, puedes sentirte insatisfecho o deprimido, sin saber cómo manifestar tus dones o intenciones más profundas.

Recuerda el espíritu de Nelson Mandela. La libertad empieza justamente donde estás. Honra este lugar, tanto si te resulta fácil como difícil. A veces eres libre de modificar las circunstancias, a veces no. Andrea, que fue trasladada al hospital cuando sufrió un ictus, describe el largo proceso de su curación. «Mientras yacía en la cama del hospital, durante esas largas y sombrías noches, aprendiendo de nuevo y lentamente a mover algunas partes de mi cuerpo, las prácticas de mindfulness y amor me procuraron el medio de soportar estas dificultades y hallar bendiciones y alegría, una especie de gracia en todas partes. A menudo desearíamos que nuestras circunstancias fueran distintas, pero este momento es lo que es, esta es nuestra vida. *Aquí* es donde podemos ser libres.»

Incluso cuando estás inmovilizado —encerrado en prisión o, como lo describe Stephen Jenkinson, cuando «el diagnóstico de una enfermedad terminal se ha abierto paso a codazos en tu esquema de felicidad»—, en el fondo sigues siendo libre. Seas lo que seas, recuerda que nadie puede vivir tu vida, única y singular. Eres el único autor de tu autobiografía.

Chuang Tzu dice: «Los auténticos hombres y mujeres de antaño no temían defender sus opiniones contra viento y marea. Aceptaban la vida como era y se ocupaban de sus cosas, sin depender de los demás». Eres libre de decidir cómo quieres vivir tu vida. En última instancia, debes hacerlo.

Consciente por dentro, tranquilo por fuera

Tus sentimientos pueden ayudarte a hallar el camino. En la cultura norteamericana se enseña a la gente a reprimir sus sentimientos. Es algo que observo sobre todo cuando regreso a Estados Unidos después de pasar un tiempo entre culturas más expresivas como la de Italia, la India o México, donde la gente expresa de forma más abierta el amor y el afecto, el dolor, la ira y la alegría. A veces tengo la sensación de haber regresado a un frigorífico cultural.

Esta reserva emocional cultural refleja la forma en que mi familia reprimía sus sentimientos. Cuando empecé a asistir a la universidad había perdido contacto con mi ira, mi dolor, mi temor y mis necesidades. Esta reserva limitaba también mis experiencias en materia de amor y alegría. Cuando la puerta del corazón se cierra por temor a experimentar sentimientos dolorosos, también se cierra a sentimientos hermosos. Cuando empecé a practicar la meditación, de joven, empecé a reconocer por fin mis sentimientos.

La psicología budista dice que tenemos un río de sentimientos. La práctica del mindfulness nos ayuda a conocer y aceptar lo que sentimos. Como monje, aprendí a ser consciente de mis sentimientos y emociones y a nombrarlos cuando aparecían, descansando en el amor benevolente. Ahora, cuando doy clase, utilizo una lista (en inglés) de quinientos sentimientos para ayudar a las personas a reconocer este río. La lista arranca con palabras que empiezan por A, como aburrido, asombrado, afectuoso, agresivo, afligido, ambicioso, ambivalente, amoroso, airado, angustiado, ansioso, apático, apopléjico, y palabras que empiezan por B, como beligerante, benevolente, bondadoso, brillante, benéfico, y termina con palabras como vacío, vulnerable, vengativo, valiente y valorado.

Cuando aprendemos a reconocer los sentimientos, el siguiente paso consiste en sentirlos con plenitud y, por último, expresarlos de forma adecuada.

A muchas personas les cuesta sentir dolor o ira, temor o vergüenza. A algunas les cuesta sentirse felices o alegres. Para sentir lo que sientes, el primer paso consiste en identificar y reconocer cada sentimiento cuando aparece. A veces pido a los estudiantes que lleven un diario y anoten en él todos los sentimientos y sensaciones que experimentan en un día o una semana. Si has reprimido tus sentimientos y emociones, esto puede resultarte difícil. A veces es útil realizar este ejercicio junto con otra persona, de modo que me siento con un estudiante mientras este nombra el sentimiento que está presente. Si dice: «No siento nada», yo escribo «nada», y le pido que describa con detalle qué siente al no sentir nada. Quizá responda: tranquilo, vacío, insensible, inquieto, aburrido, desanimado, abierto. Son sentimientos sutiles que el estudiante ha empezado a reconocer. A continuación le pido que piense en un ser querido y exprese en voz alta los sentimientos que experimenta. Por último, le pido que imagine a la persona más problemática o a un enemigo y exprese en voz alta los sentimientos que experimenta. Quizá diga temeroso, enfadado, dolido, triste o frustrado. Así es como aprendes a reconocer, diferenciar y tolerar los sentimientos.

El siguiente paso en este proceso consiste en utilizar el amor benevolente para experimentarlos en tu cuerpo. ¿Sientes tu cuerpo tembloroso o rígido? ¿Vibrante o quieto? ¿Cálido o frío? ¿Cómo afecta a tu corazón? ¿A tu mente? ¿A tu respiración? ¿Te sientes tenso o abierto, agitado o sosegado, te produce una sensación agradable o desagradable? ¿En qué sentido? ¿Qué otras sensaciones experimentas junto con esta? Así es como aprendes a sentir de forma consciente la vida.

Honra tus sentimientos

Jennica llevaba varios años practicando la meditación cuando se enteró de que su marido mantenía desde hacía tiempo una relación sentimental clandestina y le ocultaba buena parte del dinero que ganaba. Cuando él puso fin a su matrimonio, de forma inesperada, le dijo muchas cosas que la hirieron profundamente. Cuando Jennica vino a verme, le pregunté: «¿Has pensado en vengarte?» Ella se echó a reír, nerviosa. Por supuesto que sí, respondió, pero una persona «espiritual» no puede albergar este tipo de pensamientos. Yo le expliqué varias formas posibles de venganza, y ambos nos reímos de mi ocurrencia. Jennica se mostraba relajada. En realidad no estábamos pensando en una respuesta vengativa, sólo reconociendo sus potentes sentimientos.

Después de aprender a reconocer mis sentimientos como monje en Asia ingresé en una Facultad de Psicología, donde aprendí los siguientes pasos en mi educación en materia de sentimientos. Mantuve una relación tumultuosa con una mujer a la que había conocido en la universidad, que al poco tiempo desencadenó mi viejo dolor familiar. De golpe experimenté inseguridad, ira, deseo y dependencia. Debido a mi entrenamiento en mindfulness, pude reconocer lo que pensaba y sentía, pero era incapaz de expresar emociones intensas. Había aprendido a reprimir este tipo de sentimientos y mantenerlos ocultos en mi interior a fin de controlarlos debido a mi temor infantil a los estallidos de ira y sufrimiento que se producían en mi casa. Ahora, al estudiar el complemento de psicología oriental y occidental, me sometí a un tratamiento terapéutico con Myron Sharif, un psicólogo de la Facultad de Medicina de Harvard que había trabajado con Wilhelm Reich, el polémico y brillante psiquiatra especializado en la psicología del cuerpo.

Myron trató de ayudarme a expresar mis sentimientos. Yo había aprendido a ser consciente de los sentimientos y las emociones que se agitaban en mi interior al mismo tiempo que mostraba un exterior sereno, lo que Myron denominaba «la defensa del monje». Después de un tiempo en que me sentí frustrado porque no hacía progresos, Myron me preguntó qué momento del día me resultaba más problemático. Yo le dije que temprano por la mañana. A esas horas no funciono bien, porque me gusta acostarme tarde. Myron se rio y dijo que a partir de ahora me recibiría a las seis de la mañana, «cuando las defensas de mi ego estuvieran bajas». Cuando yo llegaba a las seis para nuestra sesión, Myron hacía que me tumbara y realizara unos enérgicos ejercicios de respiración para activar todo mi organismo. Luego me pedía que le relatara historias de mi pasado. A veces ponía en el tocadiscos arias de grandes óperas, y mientras yo las escuchaba, tonificado debido a los ejercicios de respiración, y le contaba mis historias, él masajeaba y manipulaba mi cuerpo para ayudarlo a liberar energía y emociones negativas. Lo manipulaba con tal fuerza que una mañana me partió sin querer dos costillas.

El tratamiento dio resultado. Poco a poco empecé a ser capaz de expresar rabia, de llorar y de temblar de temor y nerviosismo. Era más consciente de mis sentimientos y menos temeroso de expresarlos, más libre de *elegir* mi respuesta. La ira, la aversión y el deseo ya no eran unas fuerzas aterradoras que debía reprimir, sino que se convirtieron en una energía que me permitía sentirlas, rendirme a ellas o utilizarlas como un instrumento eficaz.

Durante los cuarenta años desde que abandoné el monasterio y trabajé con Myron he aprendido a sentirme más relajado con mis estados anímicos intensos, dejando que aparezcan o, cuando conviene, expresarlos. Dolor y lágrimas, ira y fuerza, alegría y tristeza se mueven dentro de mí de forma más abierta y natural, y yo ayudo a otros a sentir, expresar, honrar y reírse de sus sentimientos.

• • •

Al igual que yo, quizás hayas aprendido a reprimir tus sentimientos y emociones, temiendo perder el control o sentirte abrumado. Con la práctica del amor benevolente podrás ampliar de forma progresiva tu capacidad de tolerancia hacia ellos. Cuando aprendas a nombrar, reconocer y sentir cada sentimiento —permitiendo el arrebato de ira, las lágrimas de vergüenza, el dolor de una pérdida, el gozo del placer, la exuberancia de la alegría—, descubrirás que cada uno tiene una historia que relatar, y debajo de las historias hallarás otros sentimientos. A medida que encuentres el coraje de aceptar tus sentimientos, honrarlos y dejar que moldeen tu vida te sentirás más libre.

El siguiente paso es la libertad de expresar tus sentimientos. No todos a la vez, no descargando tu ira, dolor o ansiedad sobre otros, sino expresándolos. «Así es como me siento. Esto es lo que más deseo. Esto es lo que necesito. Esto es lo que es importante para mí.» Conectar plenamente con los demás incluye aportar sentimientos, junto con tus intenciones, a la relación. Eso quizá te angustie. Si, al igual que yo, tuviste que reprimir tus sentimientos durante tu infancia, cualquier exhibición de lágrimas, ira, frustración o necesidad puede resultar aterradora. Tu crítico o juez interior se apresurará a dejarse oír, y tus temores de que te regañen, te humillen, te golpeen o te rechacen pueden ser agobiantes. Si te criaste en un ambiente donde la ira, el dolor, la frustración, las necesidades, los deseos y los conflictos eran expresados sin reserva, también puedes sentirte aterrorizada. En tal caso, quizá temas que el hecho de expresar tus sentimientos desencadene torrentes destructivos que abrumen a los demás. Con la práctica del mindfulness, poco a poco aprenderás simplemente a dar voz a tus sentimientos. Al principio quizá te cueste o temas hacerlo, pero, como todas las dimensiones de ser tú mismo, es una sensación increíblemente liberadora.

Deseo

Uno de los sentimientos más desconcertantes que experimentamos es el deseo. Algunas personas cometen el error de creer que una vida espiritual está libre de deseo. Pero la esfera humana es una esfera de deseo. Como la poetisa Alison Luterman explica, liberarse del deseo es como esconder las galletas de chocolate porque estás a régimen. A todo esto, eres la única persona en toda la galaxia que sabe dónde están escondidas las galletas. El deseo forma parte de nosotros. La libertad y el amor requieren que comprendas el deseo y seas libre de elegir los deseos que quieras satisfacer. Hay deseos sanos que provienen de lo más hondo de tu ser, de un amor saludable de la vida. Y hay deseos insanos basado en las adicciones, la avaricia, la codicia, el temor, la incompetencia y la imitación. Explora tus deseos, y, si no son perjudiciales, pruébalos.

Elige un deseo que experimentes hoy en tu vida. Puede ser material, como el deseo de adquirir un *smarthpone* nuevo o unos zapatos. Puede ser el deseo de obtener la aprobación de un amigo, un aumento de sueldo o perder peso. Concéntrate en él y observa dónde y cómo lo sientes en tu cuerpo. ¿Es cálido o frío, está contraído o tenso, es agradable o vacío? ¿Lo sientes en el vientre, la cabeza, el corazón? ¿Te produce siempre la misma sensación? ¿Qué historias narra sobre la sensación de plenitud, la satisfacción que te produce, sobre ti y tu futuro? Observa qué emociones lo acompañan: necesidad, anhelo, rechazo, inquietud, temor o frustración. Observa cuándo cedes al deseo de modo inconsciente, como un acto reflejo. Observa también qué sucede cuando te conviertes en testigo del deseo, aceptándolo con amor benevolente. ¿Cambia, aumenta, desaparece, se oculta? Observa si tu deseo es sano o destructivo. Con amor benevolente, puedes salir del deseo y, puesto que no te identificas con él, ser libre para elegir.

Ahonda en tu estudio del deseo. Comprueba el cúmulo de deseos que gobiernan los negocios, la agricultura, la política, el amor, la procreación. Observa cómo la publicidad moderna y la cultura consumista promueven un vasto campo de deseos. Potencian nuestras necesidades, nuestra inexplorada sensación de anhelo y de ser incompletos, la sensación ilusoria de que estamos separados y no formamos parte de un todo. Si los observamos con atención, vemos que nuestras necesidades y deseos son efímeros, carecen de esencia, pero cuando somos presa del deseo, es como un veneno que nos impide ver con claridad.

No confundas el deseo con el placer. El placer es una parte natural y maravillosa de nuestra experiencia humana. El problema del deseo es el afán de satisfacerlo, como si la satisfacción de un deseo tras otro pudiera hacernos felices. Pero el deseo es infinito. Aprende a conocer las limitaciones del deseo y elige con tino. George Bernard Shaw afirmó: «En la vida sufrimos dos grandes decepciones. No obtener lo que queremos y obtenerlo».

Mi gurú indio, Nisargadatta, me explicó: «El problema es que deseas, pero no deseas lo suficiente». Luego añadió: «Te limitas a desear ciertas cosas, esperanzas e ideas. ¿Por qué no lo deseas todo? Cuando descubras que eres todo y nada, satisfarás tus deseos». Honra el deseo con amor benevolente y deja que te conecte con la vida.

Libre para ser humano

En los foros públicos se presta mucha atención a las libertades externas, que sin duda son muy importantes: la libertad de expresión y de religión, la libertad de la opresión, la libertad económica, la libertad de las niñas y las mujeres de estudiar y crear, de vivir sus vidas como lo hacen los hombres. Son libertades conseguidas no sin esfuerzo y muy valiosas, que debemos defender con coraje y acrecentar. Hacerlo es una necesidad y un honor. Las libertades externas son un tesoro. Y defenderlas constituye uno de los actos más grandes que puede llevar a cabo un ser humano.

Debido a que el foco cultural está sobre la libertad externa, apenas nos detenemos a reflexionar sobre la libertad de vivir con plenitud, de estar despiertos y vivos, de conocer nuestra mente y nuestro corazón y el sonido de nuestra canción. Pero admiramos a quienes lo hacen. En tiempos modernos, tenemos el ejemplo de Georgia O'Keefe, que abandonó Nueva York para pintar en el desierto de Nuevo México; Paul Gauguin, que abandonó París para pintar en los mares del Sur; las ecuaciones visionarias de Einstein; Steve Jacobs, Albert Schweitzer, Amelia Earhart y Eva Perón.

Rumi propone que nos dediquemos a un proyecto grandioso y disparatado, como Noé. Si pudieras vivir tu vida de nuevo, incluso ahora, ¿qué harías? ¿Qué harías para vivir de forma más plena, fiel a ti mismo? ¿Qué harías para sentirte más seguro de ti? ¿Cómo vivirías con más integridad, por dentro y por fuera? ¿Qué harías para responder con más entusiasmo a la vida? ¿Para ser ingenioso, espléndido, excéntrico, honesto, tierno, valiente y creativo?

¿Por qué no lo haces? Ve a bailar, planta un árbol, escribe un poema, dedícate a un proyecto, cambia de trabajo, siéntate en silencio, expresa tus opiniones, gana dinero, ten un hijo, planta un huerto, funda un movimiento, trasládate al paraíso, regresa a tu ciudad natal. Eres más libre de lo que crees.

PRÁCTICA

Sé fiel a ti mismo

Tómate unos minutos para sentarte en silencio, calmar tu mente y escucharte profundamente. Reflexiona sobre estas preguntas: ¿qué siento cuando soy fiel a mí mismo? ¿Qué circunstancias y momentos lo propician? Haz sitio para cualquier respuesta. Tu auténtica naturaleza quizá te induzca a adaptarte y colaborar con otros. O quizá tengas un temperamento individualista.

Ahora pregúntate cuándo eres menos fiel a ti mismo. ¿Qué circunstancias y momentos lo propician? ¿Qué siento en esos momentos? ¿Qué consecuencias tendría el hecho de ser más fiel a mí mismo?

Sin tratar de cambiar a los demás, sino por respeto a ti mismo, ¿qué crees que podría suceder? Mantén la mente abierta.

Lo que es más importante, ¿te imaginas siendo fiel a ti mismo y expresándote con amor? Si vivieras así, ¿en qué sentido cambiaría tu vida?

11

Libre para soñar

Todos los seres humanos son también seres soñadores.
Soñar une a toda la humanidad.

JACK KEROUAC

La creatividad nos hace felices. Cuando contemplamos el mundo moderno, cada puente y edificio, cada jardín, cada camisa, la cuchara en la mesa, tu plato de pasta, el aliño de la ensalada y su receta, hemos de pensar que todo comenzó como una idea creativa en la mente de una persona. Vivimos en un mar visible de creatividad. Detente un momento y abre esta gigantesca fuerza. El mundo natural es infinitamente creativo, nubes, olas y plantas de multitud de formas, un millón de especies de insectos, nuevas montañas que se erigen en todo el globo, cada día un nuevo crepúsculo. Los seres humanos formamos parte de este proceso natural, también creamos sin cesar, siglo tras siglo. Imagina a quienes crearon las primeras fibras de lino o algodón, a quienes fabricaron los primeros cristales para ventanas, a quienes diseñaron el primer carromato, a quienes inventaron una bebida a partir del cacao, a quienes experimentaron durante miles de años con maquillaje y tatuajes. Este es tu linaje.

Deja que tu corazón se exprese

Cuando ves la vida como una oportunidad para poner en marcha tu espíritu creativo, eres libre para contribuir con alegría y plenitud. El sufrimiento que experimentes, los problemas de tu vida, puede constituir el material de tu paleta creativa. Tanto si lo haces de modo consciente como si no, puedes trasformar las aristas de tu vida en arte. A veces escribiendo poemas o pintando cuadros, a veces cuidando de un jardín oculto o ganándote la vida en tu estilo único y singular. Donde sea que te encuentres, deja que tus circunstancias despierten la libertad creativa que llevas dentro. Sea cual sea la situación, ofrece al mundo una respuesta llena de vida.

A raíz de la tragedia causada por los atentados del 11 de Septiembre, el profesor de una academia de arte en Manhattan me contó lo desanimados que se sentían sus colegas. Muchos tenían la sensación de que, ante semejante tragedia, dedicarse al arte era frívolo, innecesario y absurdo. A continuación cito el comentario del profesor:

> *No pude contestarles, como no habría podido hacerlo si me hubieran comentado que les parecía superfluo la belleza o respirar. ¿Qué podía decir? Que, en junio de 1945, los obreros que fueron a limpiar los campos de concentración nazis hallaron poemas, doblados en pequeños cuadrados, ocultos en los cables eléctricos... Que una persona que esperaba ser interrogada o ejecutada había decidido ocultar un poema en un pedazo de papel higiénico para que su espíritu, que se enfrentaba a la muerte, no le fuera arrebatado.*

Sean cuales sean tus circunstancias, eres libre de escribir tu poema, bailar tu baile, expresar lo que hay en el fondo de tu corazón.

«Esa ave porta mis alas»

He visto la libertad creativa expresada por hombres que participaban en el programa de enseñanza del dharma en prisiones. Jarvis Masters vive en el corredor de la muerte y ha adoptado la práctica budista de no hacer daño. Cuenta una historia que sucedió un día de invierno, cuando estaba en el patio de la prisión y una gaviota aterrizó en un charco de agua. Un joven recluso, un tipo fornido que estaba junto a él, cogió una piedra para arrojársela a la gaviota. Jarvis alzó instintivamente el brazo para detenerlo. El joven recluso le gritó enojado: «¿qué diablos haces?» Todos los que estaban presentes en el patio, incluso los guardias, callaron, alarmados al ver lo que sucedía. Uno no suele entrometerse en el espacio privado de otro recluso, so pena de acabar mal.

Jarvis se volvió y respondió sin pensárselo: «Esa ave porta mis alas». Al oír esto, el joven lo miró extrañado, tratando de comprender, y al fin soltó la piedra. Su rostro se suavizó. Todos respiraron aliviados. Nadie comprendió lo que había querido decir Jarvis, pero todos se relajaron. Durante los siguientes días, cuenta Jarvis, los reclusos que ocupaban las celdas próximas a la suya se acercaron para preguntarle qué había querido decir con la frase «Esa ave porta mis alas». Era como un *koan* zen. Jarvis no respondió, sino que se limitó a sonreír. Sin embargo, de forma instintiva, todos sabían a qué se refería. Aunque tu cuerpo esté encerrado en el patio de una prisión, rodeado por alambre de púas y torres de vigilancia, es libre. Tu espíritu puede volar libre como la gaviota sobre la bahía de San Francisco.

Quizá convenga hacer esto cuando uno se encuentra en apuros. Decir algo absurdo.

Aunque tu situación no sea tan apurada como la de los presos en San Quintín o tan dramática como los atentados ocurridos el 11 de septiembre de 2001 en Nueva York, tu espíritu puede obrar con libertad en tu vida. Externamente, quizá te sientas constreñido por la cultura en la que vives o la insistencia del tiempo, por la personalidad de la gente que te rodea, por tu cuerpo que envejece, por tu situación económica o la proximidad de la muerte. Sin embargo, al igual que Jarvis y Nelson Mandela, una parte de ti es libre para responder de forma creativa, al margen de las circunstancias.

Son tus sueños

El profesor de arte Howard Ikemoto cuenta: «Un día, cuando mi hija tenía siete años, me preguntó en qué trabajaba. Le dije que enseñaba a la gente a dibujar. Ella me miró asombrada y preguntó: "Pero ¿es que han olvidado cómo dibujar?"»

Quizá recuerdes cuando tus profesores de dibujo en la escuela primaria no reconocían la artística jirafa que habías dibujado o señalaban que el cielo que habías dibujado (como Van Gogh) no podía ser de color naranja, amarillo o rosa. Quizás el director del coro en la clase de música te aconsejó que movieras los labios en silencio porque desafinabas. Quizá dejaste de cantar, pintar, bailar o planear tu vuelo a Marte hace décadas. Estabas desesperado porque te dijeron que tu vida no era lo bastante creativa.

No te dejes engañar por las ideas de los demás. No te dejes engañar por la desesperación. Desecha los viejos criterios y utiliza los materiales de tu vida. El primer paso de la creatividad es la *imaginación*. Una persona que visitaba una fábrica de mampostería, en Francia, preguntó a varios empleados qué hacían. El primero dijo que estaba tallando y lijando la cara de un bloque de piedra. El segundo, con tono más jovial, dijo que tallaba piedras para ganarse la vida. El tercero respondió satisfecho que contribuía a construir una gran catedral.

El espíritu creativo no está limitado por un horario fijo o ciertos trabajos. No puedes perderlo. Abre la puerta interior. Durante miles de generaciones tus antepasados han cantado canciones, han pintado imágenes, han bailado, han tocado el tambor, han construido, diseñado, cocinado, decorado, rezado y viajado. Al igual que los coyotes aúllan, el viento sopla, las hojas de los arces se tornan rojas y naranjas, los niños juegan, bailan y ríen, la habilidad de crear está en tu ADN.

Todo ser humano es un artista. A veces surge de forma espontánea, otras aguarda oculto. En los retiros, junto con el mitólogo Michael Meade y el poeta Luis Rodríguez, enseño a chicos jóvenes internos en correccionales y a veteranos de las guerras de Afganistán e Irak a transformar su sufrimiento y deseo de sobrevivir en arte. La práctica de potentes rituales, contar la verdad y escribir poemas revolucionarios liberan en estos hombres su voz creativa. Muchos no habían escrito nunca un poema o una historia, algunos eran incapaces de leer nada más extenso que unas pocas frases. Pero cuando escuchaban los conmovedores poemas de Luis y sentían el aliento del grupo para que se expresaran, todos comprobaban que tenían una potente historia que contar, un grito de dolor reprimido que se convertía en un fascinante relato o poema, una voz que necesitaba ser oída.

Ser creativo no es frívolo, trivial ni opcional. Es tu sangre vital que corre de nuevo por tus venas, tu lengua que honra esta íntima y extraña aventura, es tu impronta en el misterioso camino de la evolución. Eres tú que reclamas tu alma.

Forjarte tu vida

Quizá pienses que no eres un artista, ni siquiera una persona creativa. Pero lo eres, y tu vida es el lienzo. Tu vida es tu creación, ya sea algo espectacular o pequeño, desde una silla en un rincón de una habitación o la cama de un hospital hasta viajar a la Conchinchina, tener una familia fabulosa o seis generaciones de disfunción familiar.

Cuando comprendes que tu vida es tu lienzo, tus sueños pueden abrirse y hacerse más grandes o más modestos, más alegres, genuinos, tiernos, benevolentes o intensos. Responde a estas preguntas: ¿qué visión tienes de la vida? ¿Qué limita tu imaginación? ¿Cuál es tu estilo? ¿Qué clase de arte deseas crear?

Cuando contemplas la trayectoria de tu vida, puedes reconocer la historia de tu familia y las expectativas de la sociedad. Es importante ver estas cosas con claridad, pero no son sino el principio, no el fin. Tan sólo constituyen el lienzo. Después de reconocer tus circunstancias, da un paso atrás y deja que tus vistas se expandan. No contemples tu vida como algo que te ha sido impuesto, sino como el guionista y el director, y sueña cómo se desarrollará el guion. Reconoce que las circunstancias externas —la providencia y el destino— pueden impulsar un sueño: la lucha contra el racismo que inspiró a Gandhi, los horrores de la guerra de Crimea que motivaron a Florence Nightingale, Monet pintando en su maravilloso jardín, el estudio de la caligrafía y los viajes a la India que inspiraron la visión de Steve Jobs. Deja que tus circunstancias te inviten a soñar.

Toda vida es un viaje visionario, una paleta creativa. La tuya puede empezar como un tendero, el dueño de un pequeño comercio, un contratista, un maestro de yoga, un contable, una madre soltera, un profesor de informática o la propietaria de una empresa que organiza bodas. Estés donde estés, da un paso atrás y reflexiona. ¿Cuál es la visión más bella que tienes respecto al lienzo de tu vida, empezando por donde estás? ¿Más de lo mismo, pero más dulce y profundo? ¿Imaginas un cambio de casa o de empleo? ¿Deseas ampliar tus estudios? ¿Viajar? ¿Una vida más tranquila, contemplativa, centrada en tu interior, o una vida social más activa? ¿Un nuevo arte, un nuevo estilo o un nuevo amor? ¿El deseo de emprender un rumbo desconocido, inexplorado?

Cuando imaginas las posibilidades, aparecen también tus dudas, limitaciones y reservas. Temes no tener la suficiente energía, tiempo, libertad o dinero. Tienes que cumplir tus responsabilidades para con tu familia, tu trabajo, tu comunidad, tus amigos. No puedes hacerlo.

Trastornaría a tu familia, disgustaría a mucha gente, pondría en peligro la estabilidad de tu situación.

Son las voces que pueden impedirte crecer. Siente el dominio que tienen sobre ti. Deja que digan lo que quieran, reconócelas e inclínate ante ellas. Observa que son meros pensamientos. Luego, pregúntate: «Si pudiera hacer cualquiera cosa, ¿qué haría? ¿Cómo cambiaría mi vida? ¿Qué pasos debería dar en primer lugar para avanzar hacia esta nueva creación de mi vida?»

¿Lamentarás no haberlo intentado?

Consciente y auténtico

Para crear arte tienes que abrazar la disciplina y soltar lastre. Charlie Parker, el saxofonista y compositor de jazz, explica: «Primero tienes que aprender a tocar tu instrumento. Luego tienes que practicar, practicar y practicar. Y por fin, cuando te subes al escenario con la orquesta, te olvidas de todo y te pones a tocar».

Crear una aplicación revolucionaria, escribir una nueva canción o un programa informático, trabajar en favor de la justicia social, plantar un jardín o levantar un negocio requiere disciplina. Tienes que resistir la competencia sin desanimarte. Para ampliar tu canal creativo, abre las compuertas y confía, dispuesto a fracasar, a caerte, a levantarte, a trabajar, a jugar, a practicar, a repetir y aprender. Epicteto, el filósofo estoico, dice: «Si deseas ser escritor, escribe». El dramaturgo Paddy Chayefsky va más lejos: «Los artistas no hablan sobre arte, hablan sobre el trabajo. A los jóvenes escritores les diría: dejad de considerar la escritura como un arte. Pensad que es un trabajo… El arte es para los académicos. El arte es para el público. El arte no es para los artistas».

Imprime estilo a todo lo que hagas. He visto a obreros extranjeros en Estados Unidos fregar lavabos y cuidar de personas enfermas con la sonrisa radiante de un santo. He visto a entrenadores de equipos juveniles de baloncesto combinar una disciplina amable y estricta con un corazón tan generoso, que todos los que los rodean se esmeran en dar lo mejor de ellos mismos.

Deja que el lienzo de tu vida tenga estilo. Tanto si estás cubierto de tatuajes como si perteneces a un club de campo, trabajas en una organización sin ánimo de lucro o en Wall Street, en un colectivo o por libre, eres introvertido o muy sociable, juega con tu estilo, suéñalo, experimenta, disfruta de él. Puedes soñar en grande y fundar una cadena de televisión de noticias por cable como Ted Turner, o tener un sueño pequeño y exquisito como la adquisición de una miniatura persa, delicada como un narciso o resistente como una gigantesca secuoya. Tú eres el lienzo. Crea algo consciente y auténtico.

Las personas más interesantes son las que sienten interés por la vida. La creatividad brota con el interés, y el interés siempre es específico. Para el astrónomo, es la forma de esta galaxia; para el diseñador, la leve curva del instrumento que sostiene en la palma de la mano; para el cocinero, una porción de queso cheddar maduro mezclado con un poco de ajo machacado y unas hojas de menta fresca; para el poeta, observar una ceja arqueada y la cacofonía de unos cuervos posados en un cable de alta tensión sobre el dilapidado campo de fútbol de un barrio pobre del centro. Cuando te haces presente, con interés, con atención plena, tu libertad y tu creatividad crecen.

Las corrientes de la vida

Deja que el proceso creativo comience a moverse en ti. Elige una materia, presta atención a los maestros en ese campo. Practica tu profesión, tu arte, tu baile, tus habilidades. Luego, da libre curso a una corriente más grande, más misteriosa. La creatividad requiere que te desprendas de lo superfluo, soltar de forma atenta para dejar que nazca algo nuevo. Sigue tus instintos, tus sentimientos, tus sensaciones, tu cuerpo. Deja que una leve sensación de irritación dé paso a un riachuelo que propicie un poema cuyo torrente de sentimientos irrumpa a través del dique que contiene la ira contra Dios y la extinción del rinoceronte. Deja que un pie inquieto o un hombro tenso haga un gesto que se convierta en un baile y una gozosa liberación. Deja que los sonidos de un restaurante en tus oídos se conviertan en un ritmo espontáneo, la música del mundo, como la de John Cage. Experimenta. Emprende con entusiasmo, rompe, construye, prueba a cometer errores adrede, gira, agáchate, perfecciona tus ideas, supérate a ti mismo y, ante todo, confía. La creatividad permite que se renueven las energías vitales que se mueven dentro de ti.

Un día, mientras escribía un libro en el maravilloso silencio de la Biblioteca Teológica de San Anselmo, un jardinero puso en marcha un ruidoso soplador de hojas frente a la ventana. Eso me irritó. Quería estar tranquilo. Después de percatarme de mi frustración y soltarla, mi mente se relajó y me dispuse a seguir escribiendo. Pero no pude. Para mi sorpresa, no oía las palabras. Entonces comprendí que así es como funciona mi creatividad: oigo las palabras y las escribo.

La semana siguiente, en una cena benéfica con otros autores conocidos, compartí esta historia para ver si ellos también oían las palabras y luego las escribían. Dos respondieron de modo afirmativo. Una autora dijo que ella veía imágenes y las escribía para describir lo que ve. Otro dijo que su escritura brota de la tierra a través de su cuerpo y se expresa a través de sus dedos. Tu energía creativa tiene sus propios canales para revelarse y expresarse.

Cuando te abres a la creatividad, la fe en la fuente de la vida aumenta. Esta confianza te permite escuchar, colaborar, fracasar, descubrir, explorar y ver con ojos renovados. Cuando te abres y escuchas, nace algo. En palabras de Rilke: «Ser artista significa madurar como un árbol que resiste confiado las tormentas invernales, sin temer que quizás el verano no llegue. Siempre llega».

Sueña en grande y baila

Los gatitos y los perritos corretean y se revuelcan en el suelo, las nutrias y los chimpancés juegan y se persiguen unos a otros, los niños que no saben si son ricos o pobres juegan, simplemente para interactuar con el mundo, para sentirse vivos. Jeanne Moreau, el icono del cine francés, comentó durante una entrevista:

«Moriré muy joven».

«¿Cómo de joven?», le preguntó la periodista.

«No lo sé…, quizás a los setenta, ochenta o noventa años. Pero seré muy joven.»

El canal de tu libertad es lo que te da vida. Goza de la creatividad en sí misma. Crece y alimenta tu dedicación, expresión y afición. Ya se trate de tu vocación o de vacaciones, de tu ocupación o tu diversión, libera el espíritu creativo para que baile contigo.

Un padre primerizo me contó esta historia:

Soy artista. Cuando nació mi hija, yo estaba presente, en el hospital, y recuerdo que conversé con el médico sobre mi profesión. El médico me confesó: «Ojalá yo hubiera sido músico, porque me encanta tocar el piano».

Más tarde, cuando mi mujer dio a luz, el médico salió para darme la buena noticia de que mi esposa se encontraba perfectamente y yo había tenido una hija sana y robusta. Mientras estábamos allí y yo asimilaba la buena noticia, se acercó otro médico al que acababa de practicar una cesárea para traer al mundo a mi hija, y dijo: «Disculpe, doctor. Sólo quería decirle que ha estado usted magnífico en el quirófano, y ha sido un honor ser su asistente».

Yo me volví al doctor y le dije: «Confiese la verdad. Acaba de traer una nueva vida al mundo, ha salvado otra y uno de sus colegas le ha dicho que es un honor estar en su presencia. ¿Puede decir con sinceridad que hubiera preferido ser músico?».

El médico sonrió, asintió con la cabeza y respondió:

—Todo fue muy bien ahí dentro.

Los dos nos reímos y él añadió:

—Es gracias a que esta mañana me levanté temprano y durante una hora toqué unas piezas de Chopin al piano.

¿Qué otras habilidades artísticas deseas expresar? Prueba algo nuevo. Dibuja con la mano izquierda. Escribe un poema. Aprende a bailar el tango. Pinta tu camioneta. Emprende un proyecto creativo y conecta con otros. Colócate en la esquina de la calle y regala tus tomates y calabacines. No has venido a este mundo sólo para trabajar. Sueña en grande y baila.

PRÁCTICA

Eres un artista

Date un respiro, abandona durante unos veinte o treinta minutos tu lugar de trabajo, tu mesa, tu ordenador, tu fregadero, tu caballete, tu jardín.

Ve a dar un pequeño paseo. Observa los sutiles colores del cielo, el brillo de miles de formas de hojas a tu alrededor. Escucha los múltiples sonidos que te rodean, y mientras paseas escucha por los auriculares del teléfono móvil tu música favorita. Siente que te encuentras en la película de tu vida. Eres el actor, el director, la guionista. Contempla tus papeles, los roles que has asumido para esta parte de la historia. Sonríe. Una parte de tu papel ya ha sido escrita, pero depende de ti cómo la interpretes y reescribas nuevas escenas.

Siéntate en un lugar tranquilo. Reflexiona sobre tu vida como una obra de arte, con sus amores y triunfos, sus tragedias y comedias, sus pérdidas y su redención.

Imagina que puedes añadir más arte a tu vida. Puede ser en sentido literal, y te imaginas creando una aplicación para móviles, rodando vídeos, pintando, bailando, surfeando, escribiendo poemas, practicando aikido, cultivando rosas que obtienen premios.

Ahora imagina toda tu vida como una obra de arte. ¿Qué puedes hacer para añadir más arte a tu vida? Al igual que Shakespeare, con el tiempo tendrás que vivir entre comedia y tragedia, liderazgo, amor y conflicto, pérdida y reconciliación. ¿Qué elegancia, qué alegría puedes imprimir a tu vida? ¿Qué puede hacerla más poética, más heroica, más tierna y más bella?

Nadie ha vivido esta vida antes que tú. Es tuya para que interpretes sus diversos papeles.

Cuarta Parte

Vivir la libertad

Sigue las vetas de tu madera.

REVERENDO HOWARD THURMAN

12

Entrega tus dones

Confía en la vocecilla en tu cabeza que dice:
«¿No te parecería interesante...?» ¡Y hazlo!

Duane Michals

Puanani Burgess escribe: «¿Y si todos pudiéramos ver el don en cada uno de nuestros niños y basáramos nuestras enseñanzas en ese don? ¿Y si nuestra comunidad se basara en los dones que posee? ¿Y si comprendiéramos el don de cada una de nuestras comunidades y lo promoviéramos?» Tú puedes interactuar con la vida como parte cocreativa del mundo. Eres libre para salir o encerrarte, venderlo todo, protestar, hacer música, hacer el amor, volverte hacia algo o huir de ello, invertir, explorar, dormir o ir a Las Vegas. La libertad es una responsabilidad urgente, hermosa y grande, y una consecuencia natural del hecho de ser humano. Todos tenemos unos dones y una expresión únicos. Hemos venido aquí para entregar nuestros dones.

Libre para actuar

Saber que eres libre para actuar puede liberarte de las ataduras internas. Pero debes tener en cuenta que no estás libre de las consecuencias. Si quebrantas la ley, puedes terminar en la cárcel. Si traicionas a otra persona, puedes destruir una relación para siempre. Sin embargo, eres libre para actuar, experimentar, aprender, explorar, errar, expresarte, ocultarte y comenzar de nuevo. Tú decides.

Por alguna razón, no nos sentimos libres para actuar. Nos sentimos nerviosos, reacios, desanimados, enervados, incluso bloqueados. O nos sentimos abrumados por el mundo y sus interminables ciclos de pobreza, conflictos e injusticias. Los políticos y los medios de comunicación fomentan nuestros temores, y los temores influyen en los votantes y venden periódicos. ¡No te dejes engañar! Sí, existen grandes problemas: el cambio climático, las guerras, el racismo, la explotación económica. Si lo único que haces es preocuparte, te sentirás agobiado. Lo innegable es que estás aquí, ahora, y *puedes* aportar tu granito de arena. Edward Everett Hale declara: «Sólo soy uno, pero soy uno. No puedo hacerlo todo, pero puedo hacer algo. No dejaré que lo que no puedo hacer me impida hacer lo que puedo». Estás aquí para contribuir a este mundo, en cada momento, cada día.

Inténtalo de nuevo

Quizá pienses: «pero ¿si cometo un error?, ¿y si fallo?» Cuando Krishnamurti dijo a Vimala Thakar, su díscolo alumno, que empezara a enseñar, le aconsejó: «No temas fallar». Los errores son necesarios. Constituyen el método científico natural, los experimentos que hacen los niños pequeños para poner a prueba la ley de la gravedad; del mismo modo que aprendes a surfear, escribir, hablar, montar en bicicleta, hacer música y hacer el amor. Buckminster Fuller dijo: «Nuestro universo contiene numerosas verdades irreversibles muy importantes que debemos descubrir. Una de ellas es que cada vez que llevas a cabo un experimento aprendes más, no puedes aprender menos».

A veces tememos actuar porque tememos quedar mal. Observa lo que sientes al actuar pensando en «ti», tu valía, tus inseguridades, tu autoestima, tu imagen. A veces, para compensar, actuamos de forma exagerada, para demostrar que somos mejores de lo que creemos ser. Un experimento interesante es pensar: «¿Y si esta acción que me pone nervioso no demostrara nada con respecto a MÍ? ¿Y si fuera sólo un experimento creativo, uno entre mil actos que puedo realizar para comprobar qué sucede?» Sí, es lógico que te preocupe quedar mal. Pero si lo abordas con un espíritu alegre, sincero, relajado y comprometido, sin pensar en tu ego sino en ser fiel a ti mismo, quienes te rodean lo percibirán.

La libertad para actuar es inmediata, imaginativa, espontánea y refrescante. La belleza aparece cuando la libertad para actuar va emparejada con la serenidad. Busca la forma de serenarte para poder sentir en tu corazón lo que realmente importa. A partir de ahí puedes sumergirte en el mundo desde un lugar de autenticidad y dar lo mejor de ti mismo. Cuando calmes tu mente y te abras a la realidad del presente, sabrás lo que debes hacer. A veces tu acción llevará a la creación de una nueva escuela, empresa, jardín o novela. A veces actuarás para detener la opresión, el mal, las injusticias. A veces tu mejor acción es la inacción, ofreciendo una presencia atenta y benevolente.

Todo puede hacerse con amor. Gandhi abandonaba su papel de líder un día a la semana para sumirse en el silencio, escuchar y clarificar sus intenciones más profundas y benevolentes. Al actuar desde esta verdad sublime, inspiraba a millones. Las mejores revoluciones que se han producido en el mundo han aportado una nueva visión y transformación que era impensable hasta entonces. Todos poseemos un espíritu revolucionario que debemos activar.

Hasta la guerra puede ser reformulada. Khan Abdul Ghaffar Khan, amigo íntimo de Gandhi, organizó el mayor Ejército de Paz que el mundo moderno había visto. En la década de 1930, en Afganistán y Pakistán, en aquel entonces la provincia de la Frontera Noroccidental de la India, entrenó a más de cien mil devotos musulmanes, quienes se comprometieron a resistir al dominio británico de forma no violenta con sus vidas, sin enarbolar armas ni odio. Cumplieron su palabra y consiguieron su propósito, pese a las numerosas provocaciones y ataques que sufrieron.

La calma nos permite actuar con libertad; la escucha interior la refuerza. Sin embargo, el rumbo que te has trazado puede no ser claro. Puede estar teñido de confusión, hábitos o deseos superficiales. Puedes sufrir más de un revés. No te preocupes. A veces basta con intentarlo, proceder paso a paso y ver adónde te conduce.

Visión y acción

Jacques Verduin puso en marcha el Insight Prison Project en San Quintín, un programa que se ha extendido a otras prisiones. Su propósito es ofrecer enseñanzas de mindfulness y compasión para ayudar a la inmensa cantidad de hombres y mujeres que cumplen condena en el terrible sistema penitenciario de Estados Unidos. Jacques propuso al director de la prisión de San Quintín instaurar un programa para los reclusos que quisieran transformar sus vidas mediante la práctica del control de la ira, el perdón y el mindfulness. Gracias a su perseverancia, y tras cumplir todos los trámites burocráticos, le concedieron espacio en la capilla para impartir clases periódicas. Cuando Jacques llegó para la primera sesión, un tanto nervioso, le sorprendió y disgustó comprobar que sólo se había presentado un recluso, Alí, un respetado anciano musulmán practicante. Había decidido asistir porque quería averiguar lo que Jacques se proponía enseñarles. Este le habló sobre el valor de desarrollar la fuerza espiritual del mindfulness y el entrenamiento interior. Se sentía incómodo dando clase a un solo recluso.

Jacques preguntó a Alí sobre su práctica musulmana y este le habló de la dieta, la ética y la necesidad de rezar cinco veces al día. Luego, Jacques le preguntó: «¿Quiere enseñarme a rezar?» Después de sacar su paño de rezo del bolsillo y mostrar a Jacques la dirección de la Meca, el recluso untó las muñecas y la nuca de Jacques con aceite perfumado y le enseñó a postrarse. Después de rezar juntos en silencio, se levantaron y guardaron silencio un minuto. Luego, el anciano se rio y dijo: «Es usted es un buen tipo. Diré a mis compañeros que vengan a sus clases». La semana siguiente, la capilla estaba llena de hombres interesados en asistir a las enseñanzas de Jacques, y hoy en día el programa abarca todo el país.

El silencio interior te ayuda a saber cómo responder. Dedica un rato para estar solo, paseando por el campo o un bosque, en estado contemplativo, escuchando música o el canto de los pájaros o sentado en silencio. Puedes promover esta conexión interior todos los días. Incluso durante micromomentos. Cuando te pares en un semáforo en rojo, relaja los hombros, siente tu respiración, escucha de forma que la siguiente acción que realices provenga de lo más libre y auténtico que hay en ti. Cuando eres fiel a ti mismo, inspiras a los demás a hacer lo propio. William Butler Yeats dice: «Podemos sosegar nuestra mente como las aguas de un estanque y atraer a otros a nuestro alrededor, para que contemplen su propia imagen y vivan una vida más clara, quizás incluso más intensa, debido a nuestro sosiego».

La visión se hace realidad debido a la acción, y la acción, por la visión. De ellas juntas nace la sabiduría.

Trae tu don

La educadora hawaiana Puanani Burgess cuenta esta historia:

Uno de los métodos que utilizo para ayudar a las personas a hablar entre sí se denomina Construir una Amada Comunidad. Uno de los ejercicios requiere que cuenten tres historias.

La primera es la historia de todos sus nombres. La segunda es la historia de su comunidad. La tercera historia que les pido que relaten es la de su don.

En cierta ocasión puse en práctica este método con un grupo en nuestro instituto local. Di una vuelta alrededor del círculo y, cuando me detuve junto a un chico, este relató la historia de sus nombres sin problema y la historia de su comunidad también, pero cuando tuvo que relatar la historia de su don me preguntó: «¿Qué es eso, señorita? ¿Qué tipo de don cree que tengo? Estoy en una clase de educación especial y lo paso mal porque las matemáticas se me resisten. ¿Por qué me humilla delante de todos con esta pregunta? ¿Qué tipo de don voy a tener? ¿Cree que si tuviera un don estaría aquí?»

El chico no volvió a despegar los labios y yo me sentí avergonzada. He llevado a cabo este experimento en muchas ocasiones, pero era la primera vez que humillaba a alguien.

Dos semanas más tarde, cuando me encontraba en un supermercado local, veo a ese chico caminando por uno de los pasillos del establecimiento, de espaldas a mí. Echo a andar hacia él con mi carrito, pero de pronto me digo: «No, no voy a hacerlo». Empiezo a retroceder a toda prisa, pero él vuelve y al verme abre los brazos y dice:

«¡Tiita! He estado pensando en ti. Desde hace dos semanas no hago más que preguntarme: "¿Dónde está mi don?, ¿dónde está mi don?"»

«Vale, hermano, ¿cuál es tu don?», le pregunto.

Y él responde:

«*Mira, le he estado dando muchas vueltas. Soy un desastre para las matemáticas y no sé leer, pero, tiita, cuando me meto en el mar, llamo a los peces y siempre se acercan. No falla. Y yo puedo llevar comida a mi familia. No falla. Y a veces, al cabo de un rato, se acerca el tiburón, que me mira y yo lo miro a él y digo: "Tiito, no voy a llevarme muchos peces. Sólo uno o dos, para mi familia. Los demás te los dejo a ti". Y el tiburón contesta: "Te lo agradezco, hermano". Y yo le digo: "Eres un tipo guay". Y el tiburón se marcha, y yo también*».

Miro al chico y me doy cuenta de que es un genio, sin ninguna duda. Pero en nuestra sociedad, tal como está montado el sistema educativo, este chico no vale nada. Lo han destruido, no lo aprecian. Cuando hablé con su profesora y el director del instituto, les pregunté cómo habría sido la vida de este chico si su currículo estuviera basado en su don. Si pudiéramos ver el don en cada uno de nuestros niños y basar nuestras enseñanzas en ese don. ¿Qué ocurriría si nuestra comunidad se basara también en sus dones? ¿Si pudiéramos comprender el don que posee cada una de nuestras comunidades y lo potenciáramos?

Ese fue para mí un enfoque muy natural, el hecho de ver el don en cada aspecto de la vida.

El propósito de la encarnación humana, dice Malidoma Somé, un chamán y amigo africano, es aportar tu don al mundo. Los dagaras, el grupo étnico de Somé, dicen que cada persona nace con algo que debe entregar en esta tierra. Nada produce más satisfacción y confiere más sentido a la vida que expresar tus facultades únicas y ofrecer tu don. Como en el caso de este chico, es posible que tu familia, tu cultura o el sistema educativo no reconozcan tus dones. Pero tú debes reconocerlos y valorarlos, entregar ese algo. Presta atención a lo que amas. Lo que te inspira. ¿Qué te atrae? ¿Volar, surfear, la jardinería, la ciencia, la política, los deportes, la música, organizar una comunidad? Pruébalo, aunque hagas el ridículo. Sé espontáneo, impetuoso, o haz lo obvio. Déjate inspirar por este joven que descubre que su don es pescar, un don con el que procura alimento a su familia.

Angie Thieriot y Patricia Phelan empezaron a trabajar juntas en 1978, preocupadas por la deshumanización y la frialdad de los hospitales actuales. Juntas fundaron Planetree, una organización de servicios sanitaria que se ha convertido en líder en el cuidado de pacientes. Cuando entras en un hospital como paciente o familiar de un paciente, o como un miembro del personal, es evidente que los beneficios de los sistemas tecnológicos, la monitorización durante veinticuatro horas y la velocidad y el trato impersonal pueden resultar contraproducentes para los pacientes, a quienes les cuesta conciliar el sueño y recuperarse. Angie y Patricia decidieron crear una alternativa. El modelo de unidad hospitalaria Planetree no tiene el aspecto de un hospital. Se oye una suave música clásica de fondo. Los pacientes llevan sus propios camisones y pijamas, duermen en sábanas estampadas con flores y les permiten dormir tanto como quieran. En lugar del acostumbrado puesto de enfermeras, hay una zona semejante a un estudio donde los pacientes pueden leer sus historiales médicos y anotar lo que quieran en ellos. No hay un horario oficial de visita. Los amigos y familiares pueden acudir a cualquier hora del día que convenga al paciente. Los familiares llevan a sus seres queridos comida preparada en sus casas. A los familiares que lo deseen les facilitan conocimientos rudimentarios para que atiendan al paciente. Como observa su director: «Cuando los pacientes conocen el modelo Planetree, no quieren saber nada de otro tipo de hospitales».

Servicio abnegado

Eres libre para cambiar el mundo que te rodea. En el *Bhagavad Gita*, ayudar a los demás, el servicio abnegado, es considerado un camino que conduce directamente a Dios. Al principio, cuando sirves a los demás, quizá te parezca que sólo es abnegado en parte. No te preocupes. Incluso las buenas obras pueden empezar con una motivación ambivalente. Quizás empieces a hacerlo porque te atrae, porque piensas que es tu deber, por un sentimiento de culpa o porque quieres obtener algo a cambio. No importa. Cuando sirves a los demás, al poco tiempo descubres que es como cuidar de tu hijo, de tu cuerpo. Cuando te lastimas un tobillo, no dices: «Tengo que curar mi tobillo izquierdo». Forma parte de ti y es natural que respondas con presteza. «El problema —dice la Madre Teresa— es que te trazas un círculo familiar demasiado estrecho.» Todo el mundo es tu tío o tu tía, tu sobrino o tu sobrina, y cuando necesitan ayuda, tú también necesitas ayuda.

A veces encarnas el servicio activo. Michael Meade, líder grupal y mitólogo, toca también el tambor. Creó una comunidad de jóvenes que tocan el tambor en rituales tradicionales para un numeroso grupo de chicos perdidos de Sudán, que fueron transportados en avión a Seattle para salvarles la vida. Estos jóvenes habían huido de ataques de los militares rebeldes que destruían sus aldeas y asesinaban a sus familias. Pasaron meses descalzos en el desierto, y sobrevivieron a los leones y los soldados que merodeaban por la zona. En su nuevo hogar de Seattle se sentían desplazados, de modo que Michael les proporcionó unos tambores y contribuyó a crear rituales sanadores y de bienvenida para estos chicos perdidos.

Todo el mundo está capacitado para sanar a otras personas. A veces la ayuda más importante que puedes ofrecer es tu presencia benevolente. Laura, una enfermera pediátrica, se ocupa de atender a los bebés recién nacidos enfermos y delicados, a los que mantienen con vida con alimentación intravenosa. Huston Smith, el gran profesor de religiones del mundo, relata el inmenso dolor que sintió cuando su nieta murió: «Muchas personas respondieron con gran amabilidad —dice Huston—. Pero el que más ayudó fue mi joven vecino, que venía cada día y se sentaba a mi lado, en silencio».

Cuando compartes lo que amas, te sientes libre de una forma renovada y distinta. Los indígenas iroqueses se valían de un ritual para enseñar a sus niños el servicio a los demás. Después de formar un amplio círculo tribal, daban de comer a un niño hasta saciarlo, tras lo cual se oía fuera del círculo una voz que decía con tono lastimero: «Tengo hambre, tengo hambre». Los demás animaban al niño que acababa de comer a que siguiera su impulso natural y llevara comida a la persona que estaba hambrienta. A continuación repetían el ritual utilizando cálidas pieles de venado y mantas, y cuando el niño estaba bien calentito, oía una voz fuera del círculo que decía: «Tengo frío, tengo frío». Y el niño llevaba unas mantas a la persona que tenía frío.

El mito en Estados Unidos es un mito de independencia: el colonizador y el vaquero que se las apañan ellos solos. Pero esos individuos también recibieron cuidados, fueron alimentados y atendidos de bebés; recibieron educación. Todas sus herramientas, sus mercancías y sus medicinas procedían de otros. Por independiente que te sientas, también eres interdependiente.

Conforme crece tu libertad, sientes esta interdependencia. Entonces te das cuenta de que no ayudas a una sola persona, sino a nosotros: a nuestro cuerpo, nuestra familia, nuestro planeta. ¿Qué deseas dar? ¿Cuál es tu don que debes aportar a los demás? ¿A qué esperas para entregar este don?

El mundo te necesita

Es fácil sentirse abrumado por los problemas globales. El cambio climático. Niños que huyen de la violencia en Centroamérica. Guerras en Oriente Próximo. Oleadas de refugiados. Racismo. Reforma del sistema penitenciario. El movimiento activista internacional llamado Las Vidas de los Negros Importan. Personas sin hogar. Injusticia económica. Ineficacia de los políticos para resolver los problemas más urgentes.

Forman parte del tejido de la raza humana en esos momentos. Pero la solución a estos problemas está también en ti. Recuerdo haber hablado con mi madre sobre los problemas que afronta la humanidad en esta época. Mi madre me recordó que nació cuando su padre regresó de la Primera Guerra Mundial. Había vivido en tiempos más duros que los del siglo XXI, la Gran Depresión, la Segunda Guerra Mundial. Me recordó que la humanidad había sobrevivido incluso a estos terrores. Con el tiempo hemos hallado la forma de responder, de renovarnos.

Ahora nuestra tarea consiste en renovarnos de nuevo. Es evidente que no existe una solución externa. Ni las nuevas tecnologías, ni los ordenadores, ni Internet, ni la tecnología espacial, ni la nanotecnología ni la biotecnología conseguirán frenar las guerras, el racismo y la destrucción medioambiental. Estamos en un punto fundamental de nuestra historia. A los poderes de la ciencia y la tecnología deben unirse ahora los desarrollos internos de la humanidad. El jefe del Estado Mayor Conjunto de las fuerzas armadas estadounidenses dijo que éramos una nación de gigantes nucleares y niños en pañales desde el punto de vista ético. Pero esto no es el fin de la historia. Hemos aprendido que la empatía, la integridad y la sabiduría también pueden desarrollarse. Los trabajos de investigación del profesor de Harvard Stephen Pinker, detallados en su libro *Los ángeles que llevamos dentro*, demuestran que, aunque a trancas y barrancas, la violencia global ha decrecido en los últimos siglos. Asimismo, la esclavitud ha disminuido; los derechos de las mujeres y los niños han mejorado en los últimos cien años; los derechos de los gais y las lesbianas, los refugiados y los discapacitados han aumentado. No en todas partes, pues todavía hay mucha gente esclavizada, amenazada o que vive en la más extrema pobreza. Pero, como colectividad, debemos evitar ir para atrás y reconocer que caminamos en la dirección adecuada.

La humanidad debe avanzar mucho más. Es posible. Necesitamos un sistema educativo basado en la compasión y la mutua comprensión, y un profundo sentido de interconexión. Necesitamos mindfulness y mutua benevolencia para guiar nuestras comunidades, nuestra medicina, nuestra política. Necesitamos un nuevo enfoque de nuestros problemas.

Mi colega Wes Nisker entrevistó a Gary Snyder, ganador del Premio Pulitzer. A sus ochenta y cuatro años, Gary es uno de nuestros poetas y ecologistas más importantes, y lleva más de cincuenta años escribiendo sobre el medioambiente. Wes le preguntó sobre los problemas climáticos, el calentamiento global, el aumento del nivel de los océanos y la desaparición de especies. ¿Qué consejo podía ofrecernos? «No os sintáis culpables —respondió Gary—. La culpa, la ira y el temor forman parte del problema. Si queréis salvar al mundo, salvadlo porque lo amáis.»

Los problemas del mundo necesitan amor. El amor es el único poder lo bastante grande para superar la codicia y la ira, la violencia y el temor. Es el amor que hace que una madre levante el coche para salvar a su hijo que está atrapado debajo. Martin Luther King Jr. pidió a la nación que encarnara el poder del amor. Cuando adquieres un mayor sentido de libertad interior te ofreces al mundo de otra forma. No como un activista frustrado, atemorizado o quemado, sino impulsado por una fuerza interior. La libertad interior que descubres —la libertad para amar, crear, despertar, perdonar, soñar y comenzar de nuevo— genera de forma natural un mayor amor por la vida.

Según el zen, sólo hay dos cosas: sentarte y barrer el jardín. No importa el tamaño que tenga el jardín. Cuando calmas tu mente y escuchas a tu corazón, descubres que tu espíritu no se sentirá satisfecho hasta que te ocupes también de tu jardín. Elige algo que te interese. Puede ser algo local o global, reducir el racismo o combatir el cambio climático. Instrúyete, entabla amistad con personas distintas a ti, participa en la junta escolar, trabaja como voluntario en el hospital, trabaja por una causa política, ayuda a la escuela a plantar un huerto. Contribuye a reducir las emanaciones de carbono. Añade tu voz y energía. Planta semillas para un futuro más compasivo. No puedes cambiarlo todo, pero tu libertad te empodera para contribuir al mundo, y tu amor te ofrece los medios para hacerlo.

Tu carne será un poema

No tienes que empezar por algo grande. William James escribió: «Estoy harto de cosas grandes, grandes planes, grandes instituciones y grandes éxitos. Estoy a favor de esas pequeñas, invisibles y benévolas fuerzas humanas que emanan de los individuos, que se filtran a través de las grietas del mundo como un sinfín de diminutas raíces, rezumando agua, y con el tiempo son capaces de producir los monumentos más sólidos de orgullo». Empieza por el gesto más pequeño.

La agencia Associated Press publicó la noticia de un donativo a un fondo de auxilio para los damnificados del terremoto que asoló Haití en 2010. Cayó de un sobre, 14,64 dólares en billetes arrugados y monedas, procedente de los bolsillos de personas acogidas en un refugio para gente sin hogar en Baltimore, con un sencillo mensaje: «Estamos preocupados por nuestros hermanos y hermanas que han perdido sus hogares en Haití».

Wangari Maathai empezó plantando unos pocos árboles, y cuando obtuvo el Premio Nobel su grupo había plantado 50 millones de árboles. La Madre Teresa empezó ofreciéndole albergue a un hombre indigente y enfermo. Poco a poco. Paso a paso puedes abrirte, incluso de forma tentativa.

Busca nuevos gestos con que realzar la paleta de tu vida. Celie se jubiló como jefa del departamento de contabilidad de una empresa, se fue a vivir al campo y se convirtió en parte integrante de una cooperativa ecológica en su condado. Puedes adquirir un barco de vela y, como mi hermano, enseñar a navegar a personas discapacitadas. Puedes dar clase a inmigrantes, ser entrenador de fútbol, dedicarte a la política, viajar a México, pedir disculpas a tus hijos, vivir una vida que nunca te arrepentirás de haber elegido.

Cuando decides actuar y permaneces fiel a ti mismo, tu libertad empodera a quienes te rodean. El *Tao Te Ching* señala: «Cuando eres fiel a ti mismo, eres fiel al tao. Recuerdas a las personas que te rodean quiénes son y han sido siempre». Los hindúes califican esta vida como una danza cósmica, la *lila*. Baila tu danza única y singular. No te preocupes del aspecto que presentas y lánzate.

Cuando actúas con autenticidad, aunque parezca que sirves a otros, también te sirves a ti mismo. Cuando preguntaron a Gandhi qué le motivaba a sacrificarse y hacer tanto por la India, sonrió y respondió: «No lo hago por la India, lo hago por mí mismo». Por paradójico que parezca, cuando actúas fiel a ti mismo sin caer en la agresividad y el temor, al servirte a ti mismo sirves e inspiras a los demás. Como la abeja que recoge miel y poliniza las flores del mundo, sin hacer daño a nadie (aunque en caso de peligro puede picar), camina por el mundo impartiendo bendiciones.

Walt Whitman promueve la libertad con estas palabras:

Esto es lo que debes hacer: ama la tierra, el sol y a los animales, desprecia la riqueza, da una limosna a todo el que te la pida, defiende a los estúpidos y a los locos, dedica tus ingresos y tu trabajo a otros, odia a los tiranos, no te metas en discusiones sobre Dios, sé paciente y tolerante con las personas, no te quites el sombrero ante nada conocido ni desconocido, ante un hombre ni varios hombres, actúa libremente con los poderosos y los ignorantes, los jóvenes y las madres de familia, reexamina todo lo que te contaron en la escuela, en la iglesia o en un libro, y rechaza lo que insulte a tu alma; y tu carne será un gran poema.

PRÁCTICA

Entrega tus dones

Siéntate un rato en silencio, deja que tu cuerpo se sosiegue y tu mente se calme. Como todos los humanos, posees cualidades, dones, capacidades que aportar a este mundo. Honra el hecho de que eres una persona única e idiosincrásica. Como el chico que llamaba a los peces, o el joven que se sentó en silencio junto a un abuelo que lloraba la muerte de su nieta, tienes un don único. Responde a estas preguntas:

¿Qué hace que te sientas más vivo?

¿Qué te encanta compartir?

¿Qué hace que te sientas más creativo?

¿Cuándo te sientes más conectado contigo mismo?

¿Cuándo te sientes más conectado con los demás?

¿Cuál de los problemas que afligen al mundo desearías resolver ante todo?

¿Con qué te gusta trabajar?

¿Con qué te gusta jugar?

¿Con qué disfrutas?

¿Qué te produce una mayor sensación de tranquilidad?

¿Qué aprecian los demás más en ti?

¿Qué te apasiona?

¿Cuándo te has sentido más bendecido?

Te encanta:

¿El silencio? ¿Cuidar de algo? ¿Organizar? ¿Moverte? ¿Conectar? ¿La justicia social? ¿Plantar? ¿La soledad? ¿Construir? ¿Sanar? ¿Es-

cuchar? ¿Liderar? ¿Las finanzas? ¿Cocinar? ¿Alimentar? ¿Bailar? ¿Reflexionar? ¿Los deportes? ¿La ingeniería? ¿Experimentar? ¿Viajar? ¿El arte? ¿Los niños?

Si tuvieras que enumerar tres cualidades, ¿cuáles serían?

¿Cómo puedes desarrollar y expresar estos dones?

13

Libertad en tiempos convulsos

Sólo cuando las personas decidieron que querían ser libres,
e hicieron algo al respecto, se produjo un cambio.

ROSA PARKS

En toda vida humana hay elogios y reproches, ganancia y pérdida, éxitos y fracasos, placer y dolor, luz y oscuridad. ¿Quién no ha experimentado todo esto? Todo tiene su papel, inclusive las dificultades, y, como dice el poeta: «Poco a poco la oscuridad puede enseñar a tus ojos y a tu corazón a hallar el espíritu luminoso, los auténticos dones que necesitas para navegar, ocultos en el rincón de esta noche».

Nuestro reto

Cada generación o, en general, la sociedad moderna se ve sacudida por graves perturbaciones, ya sean asesinatos, guerras, conflictos políticos o serios problemas económicos y ecológicos. En tiempos inestables el liderato político puede agravar estos temores. Como nos recuerda H. L. Mencken, con frecuencia nuestros dirigentes fomentan estos temores en nosotros. Es natural sentir ira o temor. Cuando se producen estos trastornos, nos preocupa nuestro futuro o la suerte de las personas vulnerables que nos rodean. Tememos que aumente la desigualdad, el racismo, la destrucción del medio ambiente, la homofobia, el sexismo y otras injusticias.

Pero estos retos son las oportunidades que la humanidad debe afrontar para crecer. Como observó Ralph Waldo Emerson: «Sólo en tanto en cuanto las personas se sienten preocupadas hay esperanza para ellas».

Para hallar libertad en tiempos convulsos, debemos empezar por nosotros mismos. ¿Cómo cuidamos de nuestros cuerpos? Si nuestro sistema límbico está activado para la respuesta de lucha, huida o inmovilización, nos perdemos en los temores de sobrevivir. El cerebro reptiliano asume el control. Gigantescas oleadas de preocupaciones inundan nuestros pensamientos sobre lo que está por venir. En tiempos difíciles, estas oleadas de angustia y temor suelen desplazarse de un grupo a otro. Nos preguntamos si la situación está empeorando o si estamos descubriendo cosas que permanecían ocultas. Y cómo podemos responder a ellas.

Deja de preocuparte. Sintoniza con tu corazón. Allí es donde reside el amor, la sabiduría, la gentileza y la compasión. Con atención benevolente, afronta lo que es más importante para ti. Sí, te asaltarán pensamientos angustiosos y sufrirás dolor y traumas, pero no dejes que el temor colonice tu corazón. Sal y contempla el cielo. Respira y ábrete a la inmensidad del espacio. Siente el cambio de las estaciones, el auge y la decadencia de dinastías y eras. Respira y descansa en la conciencia benevolente. Practica la ecuanimidad y el equilibrio. Aprende de los árboles. Conviértete en el punto inmóvil en el centro de todo.

Thich Nhat Hanh nos recuerda que en tiempos inestables, nuestra estabilidad puede ser un refugio para otros. «Cuando los barcos cargados de refugiados vietnamitas se enfrentaban a tormentas y piratas, si uno de ellos era presa del pánico, todo estaba perdido. Pero si una sola persona se mantenía serena y centrada, enseñaba a los demás lo que debían hacer para sobrevivir.»

Hace dos mil años, el rabino Tarfon dijo: «No os desalentéis ante la inmensidad del dolor del mundo. Vivid con justicia, amad la misericordia y caminad con humildad. No estáis obligados a completar la tarea, pero tampoco debéis abandonarla». Clarissa Pinkola Estes amplía este concepto: «Nuestra misión no es arreglar el mundo entero de una vez, sino ensanchar y reparar la parte que está a nuestro alcance».

Juntos, atémonos los cordones de los zapatos y caminemos hacia la verdad.

Escucha con tu corazón

¿Cómo debemos responder cuando estamos rodeados por temor o ira? El amor benevolente nos invita a escuchar profundamente a todo lo que existe, y en ello se incluyen el temor y el dolor. El padre Thomas Merton señala el camino: «¿De qué sirve viajar a la Luna si no podemos salvar el abismo que nos separa de nosotros mismos y a unos de otros?»

En primer lugar, céntrate en ti mismo. Escucha los temores que se agitan en ti. Debes estar presente para todo cuanto anida en tu corazón, escúchate con atención. Acoge con tierna compasión todo lo que aparezca. Luego, cuando estés preparado, escucha del mismo modo a los demás.

Mi amada esposa, Trudy Goodman, una maestra de meditación, colega y una inspiración para mí, ha estado trabajando en los campos de refugiados de Darfur, en la frontera del Chad, en África. Se incorporó a un proyecto inspirador llamado iAct, dirigido por unos amigos de su comunidad Insight LA. Desde el principio, iAct demostró ser un proyecto juicioso. Cuando llegaron a los campos preguntaron a las mujeres qué querían. Muchas veces, los cooperantes tienen su propia hoja de ruta, pero los de iAct se limitaron a escuchar. Las mujeres con las que hablaron allí dijeron que querían dos cosas. Querían fútbol, para que sus hijos se distrajeran con una actividad saludable y aprendieran a colaborar unos con otros. Y querían un jardín de infancia y un centro de educación preescolar, para que los niños de corta edad, en muchos casos traumatizados, aprendieran cosas sobre ellos mismos y el mundo. Comoquiera que Trudy había dirigido una escuela para niños con problemas, ayudó a formar a las maestras de Darfur en mindfulness, desarrollo infantil sano y las artes de la inteligencia emocional.

Es hermoso preguntar a las personas qué necesitan y escucharlas con atención. Esta acción atenta y juiciosa genera una acción beneficiosa.

Vinoba Bhave era probablemente era el seguidor más importante de Gandhi. Después de la violenta partición de la India y Pakistán y del asesinato de Gandhi, Vinoba se retiró de la vida pública. Al cabo de un par de años, los seguidores de Gandhi organizaron una gran conferencia para proseguir su labor y pidieron a Vinoba que fuera su líder. Vinoba se negó. En vista de la persistencia de quienes habían ido a verlo, por fin dijo: «Acudiré con una condición. Quiero ir caminando».

La caminata le llevó seis meses a través de una extensa zona de la India. Durante su marcha, entraba en todas las aldeas y se sentaba con los lugareños a la sombra del gigantesco árbol que constituye el punto de reunión para muchas comunidades indias. Tras crear un círculo de escucha, Vinoba les preguntaba: «¿Cómo es vuestra vida? ¿Cuáles son vuestras experiencias como seres humanos?» Los más pobres, los intocables, le informaban de que eran poco menos que esclavos. Trabajaban las tierras de otros por un salario de miseria y no podían reunir el dinero suficiente para criar y alimentar a sus hijos.

Estos relatos preocuparon profundamente a Vinoba, y una mañana reunió a un grupo de aldeanos y les dijo: «Cuando regrese a Delhi, iré a ver al primer ministro Nehru y haré que el Gobierno os conceda unas parcelas a los sin tierra para que podáis cultivar vuestros propios alimentos». La noticia procuró una gran alegría a la comunidad, pero esa noche, cuando Vinoba se acostó, comprendió con pesar que cuando el dinero del Gobierno llegara a manos de los líderes estatales, provinciales y del distrito, después de unos prolijos trámites burocráticos, apenas quedaría para los pobres.

Al día siguiente, Vinoba convocó otra reunión. Se disculpó y expresó su temor de que su plan no diera resultado. No sabía qué hacer. Cuando Vinoba les explicó el problema, un rico terrateniente se levantó y dijo: «Has venido aquí portando el espíritu de nuestro amado Gandhi. ¿Cuántas parcelas necesitas?» Había dieciséis familias sin tierras y cada una necesitaba dos hectáreas para cultivarlas. El hombre dijo: «En honor de Gandhi, concederé ochenta hectáreas a estas familias». Fue un gesto maravilloso.

Vinoba prosiguió su caminata hasta la siguiente aldea, escuchando los problemas de los aldeanos, en particular los que afectaban a los intocables, los parias. Luego relató la historia de lo que había sucedido en la aldea anterior. Inspirado por esa historia, otro rico hacendado se levantó y ofreció dos hectáreas a cada una de las familias pobres sin tierras. Esto marcó el principio de lo que Vinoba denominó el Movimiento Bhoodan de Reforma Agraria en la India. Cuando llegó a la conferencia ya había reunido ochocientas hectáreas de tierra. Luego se unió a otros y siguió caminando durante más de una década. Recorrió cada estado y provincia de la India, inspirando a los terratenientes, que cedieron de forma voluntaria más de seis millones de hectáreas de tierra a los que no tenían nada. Fue la transferencia de tierras más importante y pacífica llevada a cabo en la historia del mundo, gracias a que Vinoba se había sentado a la sombra de los árboles para escuchar lo que la gente necesitaba.

No sólo las personas necesitan que las escuches. Cuando mi hija iba a tercero de primaria, me entregó una hoja de papel escrita con su letra infantil. «Papá, creo que esto te será útil en tus enseñanzas.» Era un célebre pasaje del jefe indio Seattle: «¿Qué sería del hombre sin los animales? Si todos los animales desapareciesen, el hombre moriría en una gran soledad de espíritu. Pues lo que les sucede a los animales también les sucederá a los hombres».

Escuchar significa escuchar a la vida, a los animales, a la tierra, para que podamos responder de forma directa, valiente y sabia. En cualquier circunstancia.

Únete a la red del afecto

Mi hermano gemelo padece una rara forma de cáncer de la sangre y tiene que someterse a un programa de complicados tratamientos. He recorrido con él numerosos hospitales y centros oncológicos, y he sido testigo del profundo afecto y entrega de médicos, enfermeros y enfermeras y demás personal. A veces tienen éxito, otras no, pero su afecto por los pacientes siempre es maravilloso. Me he sentado junto a familiares de pacientes de diversas edades, hermanos y hermanas, madres e hijos. Hay algo profundamente tierno en eso.

Allí, siento a todas las personas en el mundo que atienden a personas enfermas. El hecho de ver y sentir esta red mundial de afecto es una experiencia profunda. Entre las enfermedades y los problemas, los cuidados y el amor que las personas se ofrecen unas a otras es algo magnífico. Se encuentra en todas partes.

Mira a los ojos de otra persona, siquiera unos instantes. No tiene que ser una mirada profunda o conmovedora. Basta con que mires a alguien junto a ti. Este ser ha emprendido un periplo vital, con sus alegrías y vicisitudes, al igual que tú, al igual que todos. Y debajo de todo ello busca también sentirse bien, feliz y amado.

Cuando calmas tu mente y sintonizas con otro ser humano, empiezas a sentir un afecto natural. George Washington Carver nos aconseja: «Lo lejos que llegues en la vida dependerá de que te muestres tierno con los jóvenes, compasivo con los ancianos, comprensivo con los que luchan y tolerante con los débiles y los fuertes. Porque en algún momento de tu vida tú serás como ellos».

No exilies a nadie: al marginado, al que sufre, al airado, al arrogante, al indefenso.

Basta un poco de atención para que el deseo natural de que otros gocen de bienestar surja del centro de tu corazón. «Deseo que te vaya bien. Rezo para que encuentres amistad, amor y compasión por tus problemas. Espero que no sufras contratiempos, que te sientas feliz y en paz.» El afecto es innato en nosotros, sólo precisa atención. Cuando calmas tu mente y escuchas, cuando examinas tu corazón, conectas con la esencia de las cosas. Sumar tu afecto al mundo es la magia que todo lo cambia.

Bendita inquietud

El emprendedor Paul Hawken se dedicó durante una década a estudiar las organizaciones que trabajan por el bienestar humano y la justicia medioambiental. Desde organizaciones de miles de millones de dólares sin ánimo de lucro a organizaciones de una sola persona, descubrió a millones de personas y grupos que realizaban labores muy importantes. Estas personas constituyen colectivamente un gigantesco movimiento sin nombre, sin líder ni ubicación. Como en la naturaleza, este organismo evoluciona de abajo arriba como una expresión extraordinaria y creativa de necesidades y soluciones. El libro de Hawken *Blessed Unrest* explora la genialidad de este movimiento, sus innovadoras estrategias y sus resultados ocultos. Estos vecinos y amigos, grupos de apoyo y maestros ofrecen un millón de actos de bondad. Nosotros somos las personas a quienes esperábamos, somos suficientes para inspirar a todos los que sufren y se desesperan. El genio colectivo de la humanidad nos rodea. En los momentos más difíciles, el vaso quizá parezca vacío, pero estas fuerzas geniales y bondadosas nos recuerdan que debemos reimaginar un futuro que podamos celebrar.

En 2016, su santidad el dalái lama y el arzobispo Desmond Tutu, viejos amigos y ambos con los ochenta años cumplidos ya, pasaron una semana juntos dialogando sobre la felicidad. Les preguntaron cómo podían reírse y conservar la esperanza pese a los problemas del mundo. Era una pregunta profundamente personal. Tutu vivió los horrores del *apartheid*, años de opresión, cuando numerosas personas a su alrededor fueron asesinadas por el color de su piel. El dalái lama sigue escuchando estremecedoras historias de tibetanos que fueron encarcelados y torturados y que atraviesan a pie, algunos descalzos, el Himalaya para verlo. Sin embargo, estos dos venerables ancianos proyectan una sensación de alegría incluso en medio de la tristeza.

Lo que les hace felices es la práctica de la gratitud, el perdón, la generosidad, el humor y la compasión. Ante todo, es el hecho de preocuparse por los demás lo que les infunde gratitud. Al margen de las circunstancias, poder servir y ayudar a seres con problemas les produce la mayor de las satisfacciones y la forma más profunda de felicidad.

El dalái lama y el arzobispo Tutu mantienen asimismo un punto de vista alegre. Al hablar sobre la muerte, el dalái lama le dijo a Tutu:

«Supongo que tú irás al cielo».

El arzobispo Tutu le respondió:

«¿Y tú?»

Su santidad contestó:

«Hmm, quizás al infierno».

«Pensé que los budistas creíais que las personas renacen —observó Tutu, y después de una pausa agregó—: He oído decir que el Gobierno chino ha elegido tu próximo nacimiento, ¡así que más vale que les trates bien!»

Ambos se rieron y siguieron gastándose bromas mutuamente.

Después de una animada charla, el arzobispo Tutu amonestó al dalái lama con fingida seriedad:

«Mira, las cámaras te están enfocando, deja de portarte como un chico travieso. Trata de comportarte como un hombre santo».

Ambos continuaron riéndose.

Sea cual sea el tema que toquen, los dos profesan un profundo aprecio por la vida que les ha sido dada y demuestran la belleza y magnificencia de la vida tal como es.

Cuando le preguntan sobre su renacimiento, el dalái lama suele responder que es incierto. Mi maestro, Ajahn Chah, decía lo mismo. Cuando la gente le formulaba la gran pregunta, se reía y contestaba: «Es incierto».

«¿Cómo podemos estar seguros de cuáles son las mejores enseñanzas? ¿Qué debería hacer con mi vida?»

«Es incierto.»

«¿Y la iluminación?»

«Eso es incierto.»

«Se supone que usted es un ser iluminado.»

«Eso también es incierto.»

Esta es la sabiduría de la incertidumbre. Para ser sabio, uno debe reconocer que no sabe.

En tiempos inestables debemos preocuparnos por los problemas del mundo y responder, pero no podemos conocer el margen de tiempo de nuestras acciones. Gandhi escribe: «Uno tiene que hacer lo correcto. Quizá no sepas nunca los resultados de tus acciones. Pero si no haces nada, no habrá ningún resultado».

Defiende la justicia, repara las divisiones, sana a los enfermos, atiende a los vulnerables, celebra la posibilidad humana. Planta semillas para que germinen a largo plazo. Y confía en la visión del doctor Martin Luther King desde la montaña: «El arco moral del universo es largo, pero se inclina hacia la justicia».

Ten en cuenta que, pese a todo, existe otro tipo de certidumbre. Cuando mi hija era pequeña, la llevé al valle de Yosemite. De pronto se agachó, tomó una piedra de atractivos colores y la miró asombrada. «¿Verdad que es bonita, papá?» No era necesario que contemplara la espectacular cascada y los acantilados de más de novecientos metros; para ella todo formaba parte del valle. Nosotros también podemos experimentar esta sensación de asombro y gozo en cualquier circunstancia.

Lidera con humanidad

«Oh, noble hijo —empieza el texto budista—, recuerda tu naturaleza budista. Recuerda la dignidad fundamental que es innata en ti.» La historia que relata Lenore Pimental en *Sun Magazine* rezuma esta dignidad.

El hombre tenía mi edad, pero parecía mucho mayor. Era un veterano del ejército, además de un «sin techo» aterido de frío y famélico. Observé que había tratado de lavarse antes de acudir al Departamento de Servicios Sociales para pedir ayuda. Tenía la cara y las manos limpias, pero su ropa estaba mugrienta. Aunque me aseguró que ese día no había bebido una gota de alcohol, el hedor emanaba de todos los poros de su cuerpo. Yo quería que ingresara en una clínica de rehabilitación, y le pregunté si estaba dispuesto a abandonar la calle.

«No, señora —respondió—. Sólo quiero que me den unos dólares y unos billetes de autobús. Si consigo mantenerme sobrio, me admitirán en el refugio que hay al otro lado de la ciudad.»

Ese refugio contenía cincuenta camas, mejor dicho, catres. Dejaban entrar a las personas sin techo por la noche y las echaban al amanecer para que fueran a desayunar a un comedor social cercano. Cincuenta camas y casi un millar de personas sin techo en esta zona de la ciudad.

Los inviernos en el norte de California significan frío, lluvia y barro. Aunque este hombre y muchos como él dormían debajo de puentes para no mojarse, la humedad les calaba hasta los huesos. Sus ropas y el saco de dormir que colocaba en el suelo apestaban a humedad. Las páginas de un libro que llevaba encima estaban deformadas. Le pregunté cuántas veces había intentado dejar la bebida.

«Dos o tres —contestó—. Hace mucho tiempo.»

«Quizá debería intentarlo de nuevo.»

Le conté que tenía un cliente que había estado en el programa de rehabilitación en siete ocasiones antes de que diera resultado.

«Además —insistí—, faltan aún unos meses para el buen tiempo. ¿Qué puede perder intentándolo?»

Observé su rostro mientras meditaba sobre mi oferta. Creí ver un destello de esperanza en sus ojos. Seguido por la sombra de la duda. Lo había intentado antes. Le había resultado duro, imposible, de modo que vivía en las calles. Por fin, alzó la cabeza y me miró. Yo descolgué el teléfono.

«¿Hago la llamada?», le pregunté.

Él asintió con un leve gesto de la cabeza. Una hora más tarde lo dejé en manos de un alcohólico que estaba en fase de recuperación, también un veterano del ejército, que lo llevaría a la mejor clínica de rehabilitación del condado.

«Venga a verme cuando haya terminado el programa», dije cuando se marcharon.

Apenas reconocí a ese hombre cuando vino a mi despacho seis meses más tarde, alto y bien parecido, oliendo a naturaleza y sosteniendo un enorme ramo de flores.

Esto es posible. Es innato en nosotros. Hay algo muy hermoso en todos los que nos rodean esperando que lo hagamos aflorar.

Disponte a responder, pero no a reaccionar. Es natural reaccionar, pero de nuestra facultad de escuchar con atención lo que otros necesitan de nosotros, incluso en la incertidumbre, brota una fuerza más profunda. Debemos reconocer con humildad lo que no sabemos todavía. No sabemos lo que sucederá en el ámbito de la política. No sabemos lo que sucederá en el mundo. Debemos buscar las posibilidades y escuchar con atención.

El *Tao Te Ching* pregunta: «¿Puedes permanecer quieto y no actuar hasta que aparezca la acción adecuada?» ¿Puedes dejar que la mente y el corazón se calmen como aguas revueltas hasta que las cosas estén claras y sepas cómo actuar en consonancia con el tao? Esto requiere confiar en el misterio, en los ciclos de la historia. Entonces podemos liderar con amor.

Cuando preguntaron al arzobispo Tutu y al dalái lama: «¿Qué puede hacer uno en tiempos de desesperanza?», respondieron: «Mostrar su humanidad».

Estratégica y fuerte

Nos hallamos en medio de algo más gigantesco que cualquier corriente social y dinámica política. Nos hallamos en medio de la evolución de la humanidad. Y tenemos un papel que desempeñar en ella.

Un viejo dicho afirma que los seres humanos somos los contrapesos del mundo. En tiempos tradicionales, los productos eran pesados en una balanza con dos platillos. En un platillo depositaban el producto que iba a ser pesado. En el otro, unos pequeños contrapesos de metal. Los contrapesos más bonitos tenían forma de animales como tortugas y conejos. El mundo es como esta balanza, que sostiene el nacimiento y la muerte, la alegría y la tristeza, el bien y el mal. Y en nuestra época los humanos somos los contrapesos, los últimos pequeños pesos colocados en la balanza. Dependiendo de dónde coloquemos nuestra acción, haremos que la balanza se incline de un lado o del otro.

Al igual que el tao, permanece quieto hasta el momento de emprender la acción adecuada. Emplea la estrategia. Conviértete en una zona de paz. Con el coraje de ser fiel a tu corazón, entonces podrás actuar.

Recuerda que el cambio siempre comienza con un pequeño número de personas. En 1787, Thomas Clarkson y otros once hombres emprendieron una campaña de treinta años que al fin forzó al Parlamento inglés a prohibir la esclavitud. En 1848, Elizabeth Cady Stanton y otras cuatro mujeres se reunieron en el norte de Nueva York para iniciar la campaña del sufragio femenino que duró setenta años y desembocó en el derecho de las mujeres a votar. Cuando eres fuerte puedes actuar con coraje, dedicación y precisión. Después de planear tu estrategia, te unes a otros, eliges los problemas más importantes y aportas la solución más creativa.

Tú sabes lo que es necesario. La nación más poderosa del mundo debe potenciar una visión de paz y cooperación, no propagar armas de guerra. La nación más rica de la Tierra debe procurar atención sanitaria a sus hijos, sus familias. La nación más productiva de la Tierra debe combinar el comercio y la justicia, el desarrollo sostenible y la protección del medio ambiente.

Tú puedes contribuir. Tienes el corazón, la voz y el espíritu. Actúa con estrategia y fuerza. Recuerda cómo inició Barbara Wiedner su programa de Abuelas por la Paz. A veces basta un poco de amor benevolente en el momento oportuno. Tú puedes conseguirlo.

Sabes qué dirección debes tomar.

«Otros serán crueles —dice el Buda—. Nosotros no seremos crueles. Así predisponemos a nuestros corazones.

»Otros matarán o harán daño a seres vivos. Nosotros no haremos daño a seres vivos. Así predisponemos a nuestros corazones.

»Otros serán codiciosos. Nosotros seremos generosos. Así predisponemos a nuestros corazones.

»Otros dirán falsedades o calumnias. Nosotros diremos la verdad y hablaremos bien de nuestros semejantes. Así predisponemos a nuestros corazones.

»Otros serán envidiosos. Nosotros no seremos envidiosos. Así predisponemos a nuestros corazones.

»Otros serán arrogantes. Nosotros seremos humildes. Así predisponemos a nuestros corazones.

»Otros no vivirán el momento presente. Nosotros sí. Así predisponemos a nuestros corazones.

»Otros carecerán de sabiduría y bondad. Nosotros cultivaremos la sabiduría y la bondad. Así predisponemos a nuestros corazones.»

Tu presencia es una expresión de la sabiduría que posees. Mediante tu templanza, tu compasión y tus valores profundos te conviertes en un *bodhisattva*, un ser dedicado a la compasión en cualquier circunstancia. Puedes defender el medio ambiente, a los inmigrantes, a lo que tengas ante ti que requiera tu atención y tus cuidados. Si las personas tienen hambre, dales de comer. Si alguien sufre, procura ofrecerle consuelo. Defiende a los pobres y a los vulnerables.

No lo haces porque debes hacerlo, o porque eres una persona especial, sino porque, como dice el dalái lama, «lo único que procura alegría en esta vida es servir a los demás».

No menees la cabeza ni arrugues el ceño cuando leas las noticias. No te engañes pensando que no puedes cambiar nada. Como dice Thomas Jefferson: «Una persona con coraje constituye una mayoría». Tú puedes influir de modo positivo.

Y recuerda que una persona con coraje no necesita armas, aunque quizá necesite que alguien pague la fianza para que la pongan en libertad.

Trudy me contó que el saludo en los campos de refugiados en Darfur era: «¿Cómo está tu familia?» Tu familia es toda la humanidad, todos los animales, todos los seres de la tierra. Tu familia incluye a los verdes, a los libertarios, a los demócratas, a los republicanos y a otros movimientos. Acógelos a todos en tu corazón.

Vive con gratitud. Los tiempos piden a gritos un cambio de conciencia, un cambio de la terrorífica conciencia distinta, la conciencia de nosotros contra ellos, a la conciencia de la conexión y la interdependencia. Tú formas parte de este cambio. Cada uno de nosotros, a nuestro estilo, está invitado a hallar una libertad de espíritu pase lo que pase, y a aportar belleza a este mundo convulso.

Cuando Leonard Cohen canta de forma tan emotiva que todo se torció, sus labios siguen entonando Aleluya.

Recuerda su voz áspera y su amor.

Mantén tu corazón fuerte.

Ofrece al mundo lo que hay de hermoso en ti.

Te has entrenado para esto

En los últimos años de la presidencia de Obama, me invitaron a hablar con motivo de la primera reunión de líderes budistas en la Casa Blanca. Asistieron más de un centenar de líderes de comunidades budistas en Estados Unidos, y describieron cómo sus prácticas interiores estaban vinculadas al compromiso comunitario del bienestar de todos. Sus prácticas comprendían cuidar del medio ambiente, auxiliar a los refugiados, colaborar en proyectos penitenciarios, ayudar a los «sin techo», trabajar a favor de la paz mundial, dar de comer a los hambrientos, construir puentes entre distintas religiones, apoyar a las mujeres y los niños vulnerables, proyectos para combatir la discriminación y defender la justicia para todos los miembros de la sociedad.

En mi discurso de clausura en la Casa Blanca, comenté que el Buda había aconsejado a reyes y ministros y había guiado a líderes de la sociedad que le rodeaba con sus enseñanzas de paz y respeto. Esta es una de sus enseñanzas a líderes que leí allí:

Mientras una comunidad celebre frecuentes asambleas,
congregándose en armonía y respeto mutuo,
logrará prosperar en lugar de debilitarse.

Mientras una comunidad actúe con sabiduría y respeto,
logrará prosperar en lugar de debilitarse.
Mientras una comunidad proteja a los vulnerables,
logrará prosperar en lugar de debilitarse.
Mientras una comunidad cuide de los lugares sagrados en el mundo natural,
logrará prosperar en lugar de debilitarse.

DE LAS ÚLTIMAS ENSEÑANZAS DEL BUDA

Estas sabias enseñanzas se encuentran en otras tradiciones. Pero lo más potente de estas enseñanzas budistas es que se imparten junto con las prácticas que nos muestran cómo cultivarlas y encarnarlas. Como seres humanos que somos podemos entrenarnos en materia de compasión, mindfulness, respeto por los demás, empatía y equilibrio interior. La neurociencia moderna ha confirmado que cuando el entrenamiento en materia de compasión, el aprendizaje social y emocional, la atención juiciosa y la autorregulación se incluyen en la educación infantil, la atención sanitaria y los negocios, ello beneficia tanto a los individuos como a quienes los rodean. La calidad de la labor académica, la salud, la productividad y el cuidado de otros aumenta. Compasión, mindfulness y respeto mutuo constituyen la base para crear una sociedad sabia.

La práctica espiritual no es una cuestión pasiva. El Buda intervino para tratar de impedir guerras. Trató de gestionar la paz entre familias y comunidades. Ofreció asesoramiento económico a un rey cuya sociedad había caído en la anarquía y los disturbios civiles. En lugar de aumentar los impuestos y reprimir los disturbios mediante la fuerza, el Buda recomendó al rey que proporcionara grano, capital y apoyo a los granjeros y los hombres de negocios. Asimismo, le recomendó que promoviera sueldos justos para la comunidad. A medida que la prosperidad aumentó, los disturbios en las zonas rurales remitieron. El Buda concluyó: «Las personas que se sienten seguras se sientan con niños en sus regazos y viven con las puertas abiertas».

El Buda enseñó que la codicia, el odio y la ignorancia son las causas del sufrimiento. Mostró los medios de desarrollar lo contrario: el amor, la claridad, la sabiduría, la sinceridad, la generosidad y la gratitud.

En tiempos modernos, otros líderes budistas han hecho lo propio. Maha Ghosananda de Camboya se incorporó al proceso de paz de las Naciones Unidas y lideró durante años marchas de paz en las zonas de guerra y campos de exterminio en Camboya. Monjes tailandeses se han enfundado sus ropajes y han ordenado árboles como mayores del bosque para proteger los ecosistemas de la explotación forestal. Monjes y monjas birmanos marcharon por las calles para proteger a los ciudadanos de la cruel dictadura militar. A. T. Ariyaratne, en Sri Lanka, reclutó a centenares de miles de personas en un plan de paz de 500 años. Religiosos vietnamitas, chinos y tibetanos han defendido la paz, la justicia y la compasión, algunos de ellos inmolándose para detener las atroces acciones de los Gobiernos.

Gandhi declara: «Quienes dicen que la espiritualidad no tiene nada que ver con la política no saben lo que significa la espiritualidad». Esta no es una guerra partisana. Significa defender los principios humanos básicos, la acción moral y la prevención de daños. Es la encarnación de la conciencia benevolente entre los conflictos que afligen al mundo.

Sea cual sea tu perspectiva, ha llegado el momento de salvaguardar lo que importa: combatir el odio y defender el respeto, la protección de los vulnerables y el mundo natural. La meditación y la contemplación, por sí solas, no bastan para alcanzar la senda de la libertad.

La conciencia benevolente es *relacional*, está construida sobre la generosidad, la virtud y el amor benevolente. El sendero que conduce a la felicidad y la liberación humanas requiere intenciones carentes de codicia, odio y crueldad; palabras sinceras y útiles, ni duras y vanas, ni calumniosas ni ofensivas, y acciones que no causen daño, maten, roben o exploten sexualmente a las personas.

No estás solo en tus preocupaciones. A tu espalda hay generaciones de antepasados. Cuentas con la bendición de la interdependencia y la comunidad. Cuentas con los animales del bosque como fieles aliados. Cuentas con el ciclo de las estaciones y la renovación de la vida como música que acompaña tu danza vital. Cuentas con el vasto cielo del vacío que lo abarca todo con amor. Con paz y respeto mutuo, vosotros y vuestras comunidades os convertís en centros de visión y protección.

Te has estado entrenando para este momento desde hace mucho tiempo, quizá toda la vida. Has aprendido a serenar tu mente y abrir tu corazón. Has aprendido sobre el amor y la interdependencia. Ha llegado el momento de que des un paso al frente y aportes tu ecuanimidad y coraje, tu sabiduría y compasión al mundo. Conviértete en el *bodhisattva*, el ser de paz que desea aliviar el sufrimiento en medio de cualquier caos imaginable. Cuando aparecen las tormentas del temor y la incertidumbre es el momento —como persona y como colectivo— de levantarse, sereno y lúcido, y, con espíritu pacífico e inquebrantable respeto mutuo, convertirse en un centro de visión y protección.

La protección asume numerosas formas. Puede proporcionar un refugio a quienes están en peligro. Puede hacer frente con habilidad a aquellos cuyas acciones perjudican a los más vulnerables. Puedes asumir la defensa del medio ambiente. Puedes ser un aliado activo para quienes constituyen el blanco del odio y los prejuicios. La protección significa portar la lámpara del amor benevolente. Significa defender la verdad a toda costa.

Recuerda estas enseñanzas intemporales: el odio nunca cesa debido al odio, sólo el amor puede curarlo. La generosidad, el amor y la sabiduría producen felicidad. Practícalos. Encárnalos. Planta semillas de bondad y crecerá el bienestar para todos.

Ha llegado el momento de un cambio. Debemos escuchar con atención, ser testigos, honrar a todos y elegir nuestras acciones con juicio y coraje. No te preocupes si aún no ves con claridad la acción que debes emprender. Espera en la incertidumbre amparado en el mindfulness y con el corazón sereno, y no tardará en llegar el momento en que sabrás defender tu causa.

Yo me reuniré allí contigo.

PRÁCTICA

Defiende tu causa

Prueba esta simple reflexión:

Imagina que pudieras echar la vista atrás y analizar este próximo año cuando llegues al fin de tu vida.

Imagina que, entre todas las exigencias de tu vida, hubieras elegido defender una causa, algo que valoras mucho.

Puede ser una causa global o local. El cambio climático, el hambre, los refugiados, los niños, la justicia o algo que es muy importante para ti.

Imagina cómo te sientes al final de tus días habiendo logrado tu propósito, habiendo colocado el contrapeso en la balanza de la Tierra.

Ahora imagina el primer paso, qué visualizaste, con qué conectaste, cómo empezaste.

Por último, imagina cómo puedes empezar en las próximas semanas.

Ahora, toma tus bendiciones y actúa.

14

Vive en el misterio

Dios lo creó todo de la nada, pero la nada se trasluce.

PAUL VALÉRY

El misterio no está lejos. Un niño puede sostener en la mano una bellota que contiene mil robledales en ciernes. En cada célula de la bellota hay una cadena de ADN que contiene la historia de árboles de hoja caduca y su evolución desde las primeras formas de vida. Observa con atención la palma de tu mano y verás remanentes de primates y el futuro de la humanidad.

En esta tierra verde azulada, nuestras plantas transforman de forma prodigiosa la luz en azúcar. Tus intestinos albergan 100 millones de billones de microbios no humanos, que colaboran con tus células para mantenerte alimentado de modo automático. Entretanto, tu complejo cerebro, de casi un kilo y medio de peso, que en estos momentos se ocupa de descifrar estas palabras, contiene millones de billones de patrones de actividad eléctrica neuronal, más que el número de estrellas en el universo que conocemos.

Mira a otra persona a los ojos. ¿De dónde proviene esta encarnación humana? ¿Qué sucederá mañana? ¿Qué es la consciencia? ¿La ley de la gravedad? ¿El amor? ¿La muerte? Vivimos constantemente entre misterios.

No está lejos

Nuestras facultades relacionadas con el conocimiento son, ante todo, un misterio. Dependemos de nuestros sentidos, nuestro pensamiento y nuestras percepciones. Pero hay muchas formas de conocimiento que trascienden estas facultades.

Lynne Twist cuenta que había visitado a unas mujeres senegalesas, en una comunidad que padecía una grave sequía, que soñaban con el lugar exacto donde hallarían agua debajo del ardiente desierto del Sáhara. Les llevó un año, excavando rodeadas de polvo, tambores y cantos, hasta que encontraron agua. ¿Cómo supieron dónde se hallaba?

Cuando Elizabeth Mayer, una científica de Berkeley, se puso en contacto, a instancias de su madre, con un zahorí en Arkansas para que localizara una valiosa arpa que le habían robado, este señaló un bloque de apartamentos en Oakland. Elizabeth encontró el arpa allí y convirtió su escepticismo inicial, propio de una científica, en un libro titulado *Extraordinary Knowing*.

Nuestra interconexión abarca el tiempo y el espacio. He leído que las probabilidades de que el aire que inspires dentro de un momento contenga una molécula del último suspiro emitido por Julio César son del 99 por ciento. Dudando de la veracidad de esta afirmación, hice un cálculo utilizando el número 10 de Avogadro elevado a la potencia 23 de moléculas por mol y el 10 elevado a la potencia 22 del número de litros en nuestra atmósfera. Es verdad. Respiras con Julio César.

El misterio me transportó de una prestigiosa universidad a un remoto monasterio situado en un bosque tailandés-laosiano. Cuando me ordené y recogía, con la cabeza rapada, la comida que me daban con un cuenco de pedir limosna, todo me pareció familiar, como si lo hubiera hecho muchas veces. Más tarde, sumido en una profunda meditación, recordé haber sido un pobre monje hacía varios siglos en China. ¿Quién sabe? Quizá sea cierto. Yo pensaba que la ciencia lo explicaba todo. Pero no explica la consciencia del nacimiento o la muerte.

No obstante, cuando conocí a Ajahn Chah en 1967, le dije que no creía en vidas pasadas o futuras. Le expliqué que provenía de una familia de científicos. Él se rio y dijo: «No es necesario creer. El nacimiento y la muerte se producen a cada momento. Presta atención a esto y aprenderás todo lo que necesitas saber sobre el sufrimiento y la liberación del sufrimiento». En los cincuenta años que han transcurrido desde entonces, he cambiado. Yo no creía en nada. Ahora, después de una vida de experiencias, creo en todo.

El misterio de la encarnación

Yo podría relatar cien historias. Mi querida cuñada Esta, esposa de mi hermano menor, se hallaba en los últimos estadios de cáncer, muy débil, y me levanté temprano para ir a verla. Había pasado varios días con ella y sabía que el fin estaba cerca. Conduje a gran velocidad por la autopista y me detuve unos minutos en una tienda para comprar unas cosas. Cuando me disponía a pagar en la caja, sentí que mi cuerpo se relajaba y mi prisa desaparecía. En ese momento comprendí que mi cuñada había muerto. Cuando regresé al coche, llamé a mi hermano Kenneth y él me lo confirmó. Su esposa Esta había muerto en paz hacía unos minutos.

Otro caso similar. Un amigo que practicaba en Birmania tuvo una visión de la muerte por accidente de su padre. Cuando llamó a su casa le informaron de que, lamentablemente, su padre había fallecido. Todos habéis escuchado historias como estas. Son ciertas. La consciencia no está limitada al cuerpo.

Mi primera experiencia extracorporal ocurrió durante un retiro silencioso de un año en un monasterio donde practicábamos un entrenamiento riguroso. Me habían ordenado que meditara sentado y caminando dieciocho horas al día. Yo era muy joven y me lancé a ello con entusiasmo. Un día, mi cuerpo estaba agotado y me tumbé en el suelo de tarima de mi *kuti* (cabaña) para descansar un rato. Al cabo de veinte minutos, me levanté y me dirigí lentamente, meditando, hacia el otro lado de la habitación. Miré por la ventana y vi a otros monjes en el jardín. Cuando me volví, vi a otra persona tendida en el suelo en el otro extremo de mi *kuti*. Sorprendido, comprobé que era mi cuerpo exhausto. Mi espíritu había querido levantarse pese a mi cansancio. Cuando me acerqué a mi cuerpo y lo miré, caí en él, y me desperté en el suelo. Posteriormente he experimentado en varias ocasiones esta sensación extracorporal, aparte de otras más intensas, como mi cuerpo disolviéndose en luz, penetrando en el silencioso vacío, el éxtasis y un amor infinito, lecciones que me hicieron comprender que la eternidad, la libertad y la perfección siempre existen aquí y ahora.

Tras varios años acompañando a personas moribundas, muchas de las cuales describen haber entrado y salido de una luz cuando se aproximan a la muerte, he llegado a confiar en la realidad de la conciencia más allá del cuerpo. Cuando asisto al misterioso y sagrado momento en que la conciencia abandona el cuerpo, compruebo que lo que queda es tan sólo el caparazón de la carne. Mediante la meditación profunda, he conducido a otras personas en regresiones de vidas anteriores en diversos países del mundo. Sorprendentemente, tanto si creen en la reencarnación como si no, ven a muchos miembros de sus familias en aldeas y granjas en culturas pasadas, y la visualización de estas imágenes de vidas anteriores les proporciona datos que ignoraban. Cuando experimentan cómo murieron, sienten también que su espíritu abandona el cuerpo y penetra en esferas de luz y oscuridad luminosa, hasta que sienten la necesidad de penetrar de nuevo en un útero. No es preciso que creas en esto. Basta con que mantengas la mente abierta.

¿Quién eres? ¿Cómo penetraste en un cuerpo humano extraño, dotado de ojos, caderas y pezones, con pelo en algunos lugares y un agujero en la parte superior por el que engulles todos los días plantas y animales muertos, los trituras y tragas por un tubo? ¿Con el que aprendes a caminar inclinándote en una dirección, enderezándote y cayendo en sentido opuesto, con el que creas copias de ti mismo o ti misma insertando o recibiendo un tubo que emite cien millones de viscosos renacuajos microscópicos? Observa tu coxis y las uñas de tus dedos, remanentes de garras ancestrales. La encarnación es asombrosa.

He aquí una potente pero sencilla forma de comprenderlo. Mírate en el espejo. Verás que tu cuerpo ha envejecido. Pero al mismo tiempo experimentas que no te sientes necesariamente más viejo. Ello se debe a que tu cuerpo existe en el tiempo. Empieza siendo pequeño, crece, envejece y muere. Pero la conciencia que contempla tu cuerpo se halla fuera del tiempo. Es el espíritu lo que nace, experimenta tu vida y es testigo de tu muerte, y permanece quizás hasta el final. «¡Qué viaje tan increíble!» La persona que eres es la conciencia benevolente que asiste a la danza del nacimiento y la muerte.

En el fondo sabes que es verdad. En *El color púrpura*, Alice Walker lo describe así: «Un día, cuando estaba sentada como una niña sin madre (porque lo era), tuve la sensación de que formaba parte de todo, que no era algo aparte. Comprendí que si cortaba un árbol, mi brazo sangraría. Rompí a reír y a llorar y me puse a correr alrededor de la casa. Sabía que era verdad. De hecho, cuando sucede es imposible no darse cuenta».

La Tierra te respira

Tú eres conciencia encarnada en un cuerpo humano, pero no estás limitado por ella. La conciencia es el espacio libre del conocimiento, tan inabarcable como el cielo abierto. Descansa en la conciencia, en el amor benevolente. Deja que la inmensidad sea tu hogar.

A veces recuerdas la inmensidad mediante la gentileza. Vas a bailar y te conviertes en la música, paseas por la montaña o miras a tu ser amado a los ojos y el tiempo y el espacio se disuelven en la eternidad. Te tumbas en la proa de un velero, disolviéndote en la espuma, o te abres a la inmensidad en la meditación. Con atención plena, si aguzas la vista, alcanzas a ver a través del velo de la separación. Puedes reconocer la efímera naturaleza de tu personalidad, los hábitos del pequeño yo, y reconoces que, cuando te sientes una entidad separada, tu mente queda bloqueada, tu comprensión es incompleta. El pequeño yo se siente separado, inseguro, incompleto y temeroso del río siempre cambiante de la vida. Pero una atención más profunda muestra que tú *eres* vida, que eres el río, y tu conciencia siempre presente no puede perderse.

Eres la conciencia que todo lo ve, la percepción benevolente y el misterio del cual nace. Respira hondo unas cuantas veces. Ahora deja que tu respiración recupere su ritmo natural. Siente cómo la vida te respira, invitándote sin cesar a la libertad y la eternidad, aquí y ahora. Estas palabras de libertad y misterio, al igual que cuando miras la carta de un restaurante, nunca pueden saciar tu hambre más profunda. Siente esta milagrosa respiración, el pulso de la vida en este momento. Como nuestro laureado poeta norteamericano W. S. Merwin dejó dicho, el aliento nos respira, transportándonos a través del río de nuestra vida.

Es muy refrescante salir de uno mismo. Empieza por dejar que la vida discurra con naturalidad, reduce la marcha, relájate.

Doris tenía cincuenta años, tres hijos adolescentes y una prometedora carrera como diseñadora, pero era víctima de la ansiedad. «Me preocupaba por todo, era presa de la indecisión y el pánico, y cuando oí hablar de la meditación mindfulness me pareció que tenía mucho sentido. De modo que asistí a un retiro. Reinaban un silencio y una paz maravillosos, no tenía que tomar decisiones, sólo estar presente y ser benevolente conmigo misma. Lo primero que experimenté fue un cambio sutil en la percepción de quién soy. Practiqué una amable aceptación de algunos aspectos de mi persona que había rechazado y que ahora me alegraba de conocer. Comprendí que mi corazón se había atrofiado y contenía mucho temor y dolor, lo que me impedía amarme a mí misma y a los demás. Gracias al hecho de abrirme poco a poco, mi sufrimiento se redujo. Empecé a confiar en mí misma porque, pese a ser falible y humana, era mucho más. Entonces se produjo lo que llamo "el milagro". Un día, mientras paseaba lentamente, con atención plena y en silencio, de pronto desaparecí. En lugar de mi persona había un vasto silencio y el viento. Fue una hora en la que experimenté una gozosa e increíble libertad. Ahora sé que soy mucho más grande que mis temores. Algunos días todavía siento la danza inmensa, y otras es como si me mantuviera al margen, como una espectadora. Pero sólo tengo que abrir los brazos y sumergirme de nuevo en la vida para sentirme libre de nuevo.»

No temas abrirte. Cuando te despojas de tu habitual sentido del yo, estás a salvo. Tu cuerpo, tu personalidad y tu inteligencia siguen estando aquí. Es como si se convirtieran en tus mascotas, puedes alimentarlas, cuidar de ellas e incluso disfrutar de sus divertidas cualidades, pero no son «tú». Son tu vestuario. Tu espíritu libre está más allá de todo eso.

Más allá de la historia y del yo

Cuando te defines por tu historia y autoimagen, puedes perderte. Crees las historias que te cuentas sobre ti mismo, tu cuerpo, tu familia, tu biografía con sus traumas y dramas, tus fracasos y logros. Pero puedes ir más allá de tu historia. La realidad es más grande. Eres más que las historias, los pensamientos y los temores del pequeño yo. Ni tu familia, nacionalidad, raza, educación u orientación te definen. Puedes honrarlas, pero no estás limitada por ellas.

A la sociedad le gusta etiquetarnos, pero no somos estereotipos. No existe una persona blanca, amarilla, negra, roja o marrón, ni una persona gay o heterosexual. Somos individuos únicos con sueños e idiosincrasias cuyas vidas son mucho más grandes que lo que otros pueden imaginar. A lo largo de tu vida tienes que representar muchos papeles, pero no tienes que identificarte con ellos. Puedes representar tu papel con el estilo mítico de un guerrero o el de un inútil, puedes hacer de diosa o de eterna adolescente, de madre amantísima, princesa, esclava o sierva de lo divino. Puedes convertir la historia de tu vida en una historia de pobreza o riqueza, pecado e infortunios o alegría y redención. Puedes hacer el papel de víctima o compañera, adicto al trabajo o sabio, persona compasiva, alma perdida, lobo solitario, artista o aventurero. La neuroplasticidad incluso puede reorganizar tu cerebro.

Da un paso atrás. Reconoce tus papeles y estilos habituales. Disfruta de ellos, incluso de los ingratos y tristes. Adquiere cierta perspectiva y sentido del humor. Tú no eres estos papeles. Estás más allá de ellos. Ni siquiera tu cuerpo, con su placer y dolor, envejecimiento y enfermedades, te limita. Una persona con una discapacidad física no se define por su cuerpo ni por el envejecimiento, las enfermedades o el dolor. Aún oigo la voz de un hombre tetrapléjico en un seminario espiritual, que exclamó: «Yo no soy mi cuerpo. ¡Aleluya!» Anne Morrow Lindbergh observó: «El espíritu coloca al cuerpo en el altar». Tu espíritu es más grande que las formas cambiantes del cuerpo y la mente.

Interser: no estás solo

Cuando doy clase llevo encima una foto de Vedran Smailovic, un violonchelista de la Orquesta Sinfónica Nacional Yugoslava, tocando entre las ruinas de la Biblioteca Nacional de Sarajevo. Durante la guerra de la década de 1990 entre Bosnia, Serbia y Croacia, la antigua ciudad de Sarajevo fue sitiada por el ejército serbio durante tres años. Pese a los bombardeos con morteros y el fuego de los francotiradores que soportaban todos los días, Vedran se ponía el esmoquin, tomaba una silla plegable y tocaba el violonchelo. Iba a los lugares donde habían caído bombas y habían muerto personas, y tocaba allí para que las gentes de Sarajevo no abandonaran toda esperanza. Al igual que Vedran, cuando recuerdas quién eres, puedes hallar dignidad incluso entre las ruinas de tu vida.

Si has perdido dinero o la fe, cuando estás enfermo o un miembro de tu familia padece una enfermedad o adicción, incluso cuando un niño está en peligro, no estás solo. Compartes los inevitables problemas de la encarnación humana. Hoy, centenares de miles de personas se enfrentan también a un revés económico o un nuevo diagnóstico, o sostienen en brazos a su hijo enfermo, solas o pidiendo ayuda a otras personas. Respira con ellas y acoge su dolor junto con el tuyo, compartiendo coraje y compasión.

Dos mujeres que vivían en poblaciones cercanas una de la otra, en el norte de Canadá, se vieron obligadas a salir de sus casas un día en que soplaba una fuerte tormenta invernal. Una tenía que llevar a su hija, que estaba embarazada, al hospital; la otra se dirigía en coche a casa de su anciano padre para atenderlo. Circulaban por la misma carretera en sentido opuesto, desafiando los vientos huracanados y la nieve. De improviso, ambas se detuvieron porque un gigantesco árbol que estaba atravesado en la carretera les impedía el paso. Tardaron sólo unos minutos en compartir sus historias, intercambiar las llaves de sus respectivos coches y partir en el coche de la otra para llevar a cabo sus recados.

Cuando te abres más allá de tu yo, te das cuenta de que los demás forman parte de tu familia extendida. Sylvia Boorstein, una colega y mujer sabia, cuenta que en las sinagogas judías celebran todos los años un oficio en memoria de los supervivientes de familiares que no se sabe cuándo fallecieron, hombres y mujeres que murieron en el Holocausto o que están enterrados en sepulturas anónimas. Muchas personas se ponen de pie para rezar el Kaddish. Ese día, en el templo, escribe Sylvia, «miré a la gente que estaba de pie y pensé: "¿Es posible que todas estas personas sean supervivientes directos?" Entonces comprendí que todos los somos, y me levanté también».

Más allá del *yo* no hay otro «yo» conectado al *mundo exterior*. Somos *nosotros*, el interser. En este lugar, la compasión es irrelevante.

Todo el mundo gana

Gandhi dijo: «Cuando una persona gana, todo el mundo gana. Y si una persona falla, todo el mundo falla también». Cuando calmas tu mente y abres tu corazón, es evidente quién eres. Eres interdependiente con todos, eres la vida que se reconoce a través de tu cuerpo y tus sentidos, que florece, nace y renace. Eres imparable. Sabios y sabias, chamanes y santos viven en este conocimiento. Incluso cuando dudan de su propia valía, se vuelven hacia el misterio.

Siempre me ha fascinado el relato de Black Elk, el respetado curandero sioux cuya conmovedora historia aparece en el libro de John Neihardt titulado *Black Elk Speaks*. El último capítulo se refiere a la última vez que escaló Harney Peak. El venerable sioux había explicado a Neihardt que cuando la muerte estaba cercana, un indio lakota escalaba esta montaña sagrada para averiguar si el Gran Espíritu estaba satisfecho con su vida. Si el Gran Espíritu le bendecía, llovía sobre su cabeza.

De joven, Black Elk tuvo una visión que le reveló cómo podía salvar a sus gentes y sus tierras de los soldados y los colonizadores. Durante toda su vida se había esforzado en cumplir esta visión y restituir la esperanza sagrada de la vida. Su vida había estado plagada de trágicas circunstancias, y Black Elk estaba convencido de que había fracasado en su misión y que el aro sagrado se había roto. El día que escaló la montaña, era un anciano. Se puso unos calzoncillos largos de color rojo y unos mocasines, se pintó la cara con pinturas de guerra y se colocó un tocado de plumas. Lenta y laboriosamente, trepó hasta la cima, sin reparar en los turistas que lo observaban con curiosidad. Neihardt le dijo en broma que debió haber elegido un día en que hubiera al menos una nube en el cielo, pero Black Elk replicó que la lluvia no tenía nada que ver con el tiempo.

Al llegar a la cima, no lejos de donde se hallaban los turistas, el anciano se tumbó bajo el cielo azul. Sorprendido, Neihardt observó que se formaban unas pequeñas nubes sobre Black Elk y al cabo de unos minutos empezó a caer una suave llovizna. Black Elk lloró aliviado. Comprendió que, aunque no había logrado cumplir su visión, el Gran Espíritu reconocía que había hecho cuanto había podido.

Tu vida no está separada de la Tierra, el Sol y las estrellas, sino que forma parte de todo ello. Cuando lo comprendes, experimentas una gozosa sensación de libertad. Confía en ella. El admirado místico cristiano Thomas Merton había abandonado su monasterio de clausura para ir a la ciudad. Allí, en Louisville, Kentucky, en una esquina de la calle, tuvo una visión:

En la esquina de la Cuarta con Walnut, en el centro del distrito comercial, de repente me sentí abrumado al darme cuenta de que amaba a todas esas personas, que eran mías y yo era suyo, y que, aunque no nos conocíamos, no podíamos ser extraños entre nosotros. Fue como despertar de un sueño de separación, de espurio aislamiento... Tengo la inmensa alegría de ser miembro de la raza humana, en la que se encarna la chispa divina. Es imposible explicar a las personas que avanzan por la vida resplandeciendo como el sol.

En esta esquina del centro de Louisville hay una placa de bronce histórica, única en Estados Unidos, con estas palabras que conmemoran la experiencia mística de Merton. Nos recuerda que todos los lugares son sagrados.

Libertad exterior e interior

He aquí la paradoja. Tú formas parte del misterio de la vida y tu encarnación es única. Tienes un pie en la esfera intemporal y otro en una identidad individual. Cada una de estas esferas ofrece la posibilidad de libertad.

La libertad exterior permite a una persona vivir como desee: gozar de la vida, la libertad, perseguir la felicidad, *liberté, égalité* y *fraternité*. Estas libertades exteriores constituyen tesoros humanos. Es una gran bendición gozar de la libertad de expresión, de religión, de reunirse, de viajar: elegir la forma de vida que prefieres y que te traten con dignidad. Es un derecho humano fundamental ser libre de toda opresión, injusticia o esclavitud, ser libre de la extrema pobreza, de la opresión económica, del temor a pasar hambre.

Puedes gozar de todas estas libertades, pero centenares de millones de familias en todo el mundo no pueden hacerlo. Pueden sufrir opresión política o persecución étnica, o padecer continuas enfermedades o hambre. El sabor a libertad comienza donde se hallan estas lacras. Gandhi declaró: «Para los hambrientos, la libertad llega en forma de pan». Para muchos, una libertad increíble sería comida o una modesta oportunidad, derechos humanos básicos o el fin de una guerra, conflictos y racismo.

La gran bendición es que puedes utilizar tu libertad para aportar libertad y beneficiar a otros. Puedes unir tu libertad a la suya. A medida que tu sensación de libertad personal aumenta, puedes contribuir al bienestar de los demás tomando nota de la visión del doctor Martin Luther King: «No seremos libres hasta que todos sean libres». Cada persona que despierta a la libertad y la interconexión puede influir de modo enormemente positivo.

En mi vida tengo el privilegio de gozar de casi todas las libertades exteriores que ofrece el mundo. A pesar de una infancia dolorosa con un padre violento y maltratador, crecí rodeado de abundancia, en el seno de una familia de clase media en una nación próspera, con oportunidades, salud y educación. Aunque esto me permitió buscar la libertad interior en el monasterio, al mismo tiempo aumentó mi preocupación por otras personas. La lucha por alcanzar la libertad exterior y la búsqueda de libertad interior van unidas de forma natural. He trabajado en favor de reformas penitenciarias, la paz en Birmania, la justicia social, las causas medioambientales y la libertad en Palestina, Tíbet y otros lugares. Ha sido un honor.

Durante una visita reciente a Washington, me detuve en el monumento a Lincoln y contemplé las palabras de sacrificio y visión inscritas en mármol, exhortándonos a «... sin malicia hacia nadie y con caridad hacia todos... hacer cuanto sea necesario para alcanzar y atesorar una paz justa y duradera entre nosotros y con todas las naciones». Los ojos se me llenaron de lágrimas al pensar en el peso y el sacrificio del que el presidente Lincoln había sido testigo, y el inquebrantable liderazgo moral que había demostrado, tan necesario en el mundo actual.

Mi amigo Maha Ghosananda, el Gandhi de Camboya, demostró que esto sigue siendo posible. En su furia genocida, los jemeres rojos quemaron templos y asesinaron a millones de personas, entre las que se contaban buena parte de quienes tenían estudios superiores, entre ellos diecinueve miembros de la familia de Maha Ghosananda. Este, uno de los pocos monjes veteranos que logró salvarse, construyó templos para los centenares de miles de refugiados que vivían en campamentos fronterizos. Cuando la guerra terminó y los aldeanos que habían sobrevivido pudieron regresar a sus hogares, Ghosananda les dijo que no podían regresar en autobuses o camiones. La tragedia había sido demasiado grande. Tenían que volver a pie con él, entonando continuas oraciones de amor benevolente, para recuperar, lenta y deliberadamente, paso a paso, sus tierras, sus corazones, su país. Ghosananda encabezó las marchas de paz a través de las zonas de guerra, guiando a los refugiados de regreso a sus aldeas.

Condujo a numerosos grupos, año tras año. A su paso —formando largas filas, tocando campanas y entonando cantos de compasión—, angustiadas viudas salían de sus escondites entre los matorrales y soldados de ambos bandos, endurecidos por la lucha, deponían sus armas a los pies de Ghosananda y rompían a llorar.

Nominado para el Premio Nobel de la Paz, fundador de treinta templos, un erudito que dominaba quince idiomas y respetado anciano del proceso de paz en las Naciones Unidas, Ghosananda vivió casi siempre en la selva y dedicó su vida a guiar a otros, caminando, enseñando, cantando la simple verdad: «El odio nunca cesa debido al odio, sólo el amor puede curarlo». Demostró a toda persona con quien se encontraba que el corazón humano puede ser libre estés donde estés. Sí, eres vulnerable. Pero, al margen de tus vicisitudes, puedes caminar con un espíritu compasivo, benevolente y noble.

El vacío es nuestro hogar

Con un espíritu similar, Vaclav Havel pasó de estar encerrado en una prisión comunista a ser el presidente de Checoslovaquia, y la paciencia de la birmana Aung San Suu Kyi, laureada con el Nobel de la Paz, que vivió durante diecisiete años bajo arresto domiciliario, inspiró a millones de personas en todo el mundo. Incluso en tiempos de graves conflictos o problemas económicos, enfermedades o divorcio, puedes elegir tu espíritu.

Recuerda que cuando te sientes angustiado, perdido o confundido, una parte más profunda de ti nunca pierde contacto con el punto de referencia de la libertad. Deja que el aire puro roce tu piel, penetre en tus pulmones y expanda tus ideas del tiempo y el espacio. Las experiencias son como las olas del mar, momentos de tu vida pretendidamente individual que alcanzan su punto más alto y se desvanecen. Pese al incesante surgir y desvanecerse de una ola tras otra, el mar no gana ni pierde. Lo que es real nunca se pierde.

Cuando nació su primera hija, Alicia, una mujer de veintidós años, llevaba practicando el yoga *kundalini* desde hacía años. Cantaba, meditaba y realizaba intensos ejercicios de respiración en distintas posturas. Cuando comenzaron las contracciones, una amiga la llevó al hospital. En la sala de parto, sin un compañero a su lado, las contracciones se hicieron más intensas y dolorosas. Durante las primeras horas, Alicia sintió miedo. Luego, la fuerza del parto se impuso a otras sensaciones. Empezó a respirar de forma acelerada, como cuando practicaba *kundalini*, y su cuerpo se llenó de luz. Su sentido de sí misma se disolvió. Se convirtió en todas las madres, humanas y animales, la tierra, el río de la vida que nace de sí mismo. Estaba sobrecogida.

Alicia había leído sobre la unicidad y el *samadhi* en sus libros de yoga. Pero la inmensidad de esta experiencia la dejó dolorida, temblando, transformada, agradecida. Agradecida por el hermoso bebé de casi cuatro kilos de peso que descansaba sobre su pecho. Después del parto, en vista de que los temblores y la respiración acelerada persistían —junto con unas luces interiores—, los médicos le recetaron Valium para «tranquilizarla». Pero Alicia sabía que no era un problema médico. El viento había abierto una puerta de acceso al cosmos más allá de ella misma, y Alicia dedicó su vida a explorar y encarnar esta visión.

Tú no eres el cuerpo que cambia tantas veces a lo largo de tu vida. No eres tus pensamientos ni tu personalidad. Eres el vasto océano, la conciencia, «la que sabe». Sharon Salzberg describe haber visto a un «sin techo» preguntar con tono de súplica a todos los viandantes: «¿No me conoces?» De alguna forma, tú lo conoces, pues su conmovedora súplica resuena en la conciencia de nuestro ser compartido.

Cuando te identificas con tu cuerpo, tus sentimientos, tus pensamientos o intenciones, tus papeles, con un ser de tiempo limitado, te sientes angustiada y tu vida se contrae. La inmensidad, la base de la que todo proviene, es tu hogar. Estás aquí, nacida del vacío. Los pensamientos y las experiencias, los días y los años surgen del vacío y se desvanecen. Relájate y ábrete. Deja que tu mente se calme y tu corazón se tranquilice. Las imágenes, los sonidos y las personas van y vienen, pero a tu alrededor, inmensa como la galaxia, hay una perfección profunda y un profundo silencio. En la mente sosegada, todo tiene cabida: el océano de lágrimas y la insoportable belleza. Según el zen, esto se denomina la interacción de la forma y el vacío. Tú eres la ola, aparentemente separada del profundo océano, y eres el océano, profundo, resplandeciente, que alberga a miles de millones de seres, salado como las lágrimas e inmenso.

Visión

A veces este conocimiento se nos revela a través de una visión, como le ocurrió a Ramakrishna, el sabio hindú cuyo amor y devoción eran legendarios en toda la India del siglo XIX. Solía sentarse junto al Ganges, absorto en la oración, durante días, buscando una revelación del rostro de la Madre Divina, la diosa creadora de vida. Un día, esta apareció. La superficie del agua se agitó y del río surgió una enorme y bellísima diosa, con una cabellera negra y lustrosa que le caía en cascada por la espalda junto con el agua del río, y unos ojos como charcas que contenían todas las cosas. Mirando a Ramakrishna a los ojos, separó las piernas y de su vagina salió una larga hilera de seres, nacidos de su cuerpo, niños y animales. Se convirtió en la fuente de nacimiento de toda vida. Al cabo de un rato, ante el asombro de Ramakrishna, la diosa se agachó, se llevó un niño recién nacido a la boca y empezó a devorarlo. La sangre le chorreaba de la boca sobre los pechos. La Creadora es conocida también como la Destructora. Es lo divino femenino, la fuente, la continuación y el fin de toda vida. Sin dejar de mirar a Ramakrishna a los ojos, la diosa se sumergió lentamente debajo de las olas, dejándolo contemplando la misteriosa realidad más allá del nacimiento y la muerte.

Los chamanes y los místicos conocen esta danza eterna. Tu encarnación corpórea nace del espíritu, como un juego de la conciencia. Durante un retiro que dirigí en Nuevo México, un hombre me contó que sentía fuertes dolores en un hombro, acompañados por una intensa ansiedad que le predisponía a evocar profundas capas de recuerdos. Primero recordó el trauma de un leve accidente de coche que había sufrido el año anterior, y luego unos recuerdos más profundos de haberse dislocado un hombro cuando realizaba unas tareas en el instituto. A continuación recordó haberse caído al río cuando tenía cinco años, y haber sido rescatado por una persona que había tirado con fuerza de su hombro. Luego, puesto que había nacido de nalgas, sintió que su hombro se quedaba atascado en el canal del parto. Y por último tuvo una nítida imagen de una vida anterior, en la que había sido un soldado de infantería en una guerra medieval. Una lanza se había clavado en su hombro, y había muerto postrado en el barro. Entonces comprendió que su conciencia era el testigo intemporal de todo.

Cuando el sabio Nisargadatta ya había cumplido los ochenta años, sus discípulos le preguntaron si le preocupaba la muerte. «¿Acaso creéis que soy este cuerpo de carne, hecho de toda la comida que he ingerido? ¿Creéis que soy los borrosos recuerdos que contiene?» Nisargadatta se echó a reír: «Me ofendéis. La persona que soy no nació nunca y nunca morirá. Creéis que sois vuestro cuerpo y vuestra limitada vida, y esto os hace sufrir. Renunciad a esta quimera, y veréis que no sois nada y sois todo. Seréis libres».

«Ya te lo dije»

Mi padre era un biofísico especializado en medicina espacial. Impartía clases de medicina y había diseñado algunos de los primeros corazones y pulmones artificiales. Aunque era capaz de diseñar una máquina para el corazón, le resultaba mucho más difícil que su corazón se expresara en la vida. Aprendí de muy joven que hay una gran diferencia entre la inteligencia y la felicidad humana.

Durante la última semana de su vida, permanecí junto a él en el centro médico de la Universidad de Pensilvania, en la unidad de cuidados cardíacos. No podía respirar con facilidad, le faltaba siempre el aire, incluso cuando el oxígeno estaba ajustado al máximo. Tenía setenta y cinco años y padecía insuficiencia cardíaca congestiva. Había ingresado en el hospital en varias ocasiones y había padecido un grave ataque de corazón diez años atrás. Había sido un padre conflictivo, un científico paranoico, adicto al trabajo, de carácter violento, que maltrataba a su familia y criticaba a todo el mundo. Yo había tardado muchos años en resolver este problema, pero al fin había hecho las paces con él. De modo que permanecí sentado a la cabecera de su cama, escuchando su respiración.

De vez en cuando, mi padre hablaba sobre su vida o la mía, a menudo con un análisis que le colocaba en una luz favorable, reescribiendo la historia. Yo había sentido su temor en sus llamadas telefónicas, que ahora se había intensificado. Temía morir. Hacía días que no dormía bien y casi deliraba. Como biofísico y profesor de medicina, estaba familiarizado con el equipo de monitorización cardíaca que tenía acoplado a su corazón. Cada vez que empezaba a quedarse dormido, se despertaba sobresaltado a los pocos minutos y se volvía rápidamente para observar los monitores. ¿Seguía latiendo su corazón? Temía morir y que las enfermeras no se percataran hasta que fuera demasiado tarde.

Era duro verlo tan impotente y angustiado. Practiqué la meditación de amor benevolente mientras permanecía a su lado, acogiéndolo a él, a mí mismo y al mundo con compasión cada vez que inspiraba y espiraba. Decidí enseñarle a meditar, confiando en aliviar su angustia. Le dije que se relajara, que procurara respirar con calma, pero eso le angustiaba más y no pudo. De modo que probé una práctica de amor benevolente sencilla. Le pedí que visualizara a cada uno de sus nietos y, utilizando una frase de afecto, les deseara bienestar y rezara por ellos. Pero tampoco pudo hacer eso, pues estaba demasiado preocupado para concentrarse. Después de siete décadas de practicar la paranoia, era demasiado tarde para aprender a meditar. De modo que nos limitamos a conversar.

Le pregunté qué creía que sucedía cuando uno se moría.

«Nada —respondió—. Cuando tu cuerpo muere, queda reducido a nada y tus cenizas vuelven a la tierra, eso es todo.»

Mi padre era un científico, un materialista y un ateo. Le hablé de mis experiencias extracorporales, de mis recuerdos de vidas pasadas y de las personas a las que había acompañado en su lecho de muerte. Le recordé que la mayoría de las culturas en este mundo, así como también los chamanes y los santos, los sabios y las sabias, creen que hay vida después de la muerte. Durante milenios, quienes han explorado el mundo interior han comprobado que uno no es sólo un cuerpo, sino también espíritu. Cuando el cuerpo muere, el espíritu se libera.

«Puesto que eres científico —dije—, ¿por qué no contemplas la muerte como un experimento? —Continué en tono jovial—: Es posible que, cuando mueres, tus sentidos dejen de funcionar y sientas que flotas fuera de tu cuerpo y que penetras en una esfera de luz.»

Mi padre meneó la cabeza con escepticismo.

«Bueno —proseguí—, en caso de que sea cierto, recuerda que te lo dije.»

Él se rio.

Poco antes de la medianoche, cuando los visitantes de otros pacientes se habían marchado, le dije que tenía que irme a dormir y que regresaría por la mañana.

«Espera —me rogó—. No te vayas.»

De modo que me quedé con él un rato más. Al fin, agotado, mi padre empezó a quedarse dormido. Al cabo de dos minutos se despertó sobresaltado, volviéndose angustiado para comprobar sus señales vitales en la pantalla. Luego me miró.

«No puedo dormir. Por favor, quédate.»

Yo accedí de buen grado. Durante varias horas, mi padre continuó sumiéndose en un sueño agitado y despertándose sobresaltado al poco rato. Cada vez que se despertaba, me rogaba que no me fuera. Por primera vez desde que yo era un niño, dejó que sostuviera su mano. Estaba asustado. No quería saber nada de la meditación. No quería contemplar su muerte inminente. Ni siquiera quería hablar. Lo único que quería era que yo permaneciera junto a él, sin temor, sosteniendo su mano.

Puede que eso sea lo único que podemos hacer por los demás, acogerlos con amor benevolente y nuestra presencia más profunda. El don que podemos ofrecer es la fe y la confianza que tenemos en la vida. Lo que yo ofrecí a mi padre fue mi libertad de espíritu. Fruto de la conciencia benevolente, misteriosa, magnífica y simple; siempre está aquí, a nuestro alcance.

PRÁCTICA

Ábrete al misterio

Puedes penetrar en el misterio donde estés, con el corazón abierto, curioso, maravillado. Estás aquí, en este asombroso planeta, en esta galaxia espiral, con un lenguaje y amor y una invitación a ver.

- Túmbate en la hierba una noche cálida y estrellada. Imagina que estás en la parte inferior de un mundo que gira (en realidad, no hay una parte superior ni inferior), sostenida por el imán de la gravedad. Contempla el mar infinito de estrellas.
- Contén la respiración un minuto o algo más. Siente cómo tu cuerpo insiste en respirar. Respira de modo regular, viviendo con el aire que roza las cimas de las montañas y se desliza sobre los océanos, pasando a través de los pulmones de ciervos, de las hojas de robles y arces, de los motores de coches y del Polo Sur. Siente cómo formas parte de la respiración de la Tierra.
- Pregúntate: ¿cómo penetraste en esta vida humana? ¿Qué es la mente? ¿Qué es el amor? ¿Qué sucederá el mes que viene? ¿Cuándo morirás? ¿Qué es la muerte? ¿De dónde provienen las estrellas? ¿Qué aspecto tendrá el mundo humano dentro de veinticinco años?
- Haz una pausa después de cada pregunta y deja que la sensación de «no saber» te abra al misterio. Relájate y goza del misterio, descansa en el vasto misterio que te acoge y te sostiene a ti y toda vida. Eres el misterio que se ve a sí mismo.
- Contempla el misterio de tu cuerpo. Los miles de millones de patrones de conexiones sinápticas en tu cerebro, las bacterias en tus intestinos. En este momento, tu hígado procesa un millón de reacciones complejas, tu cuerpo está inundado de fluidos y de sangre, linfa, bilis, orina y líquido cefalorraquídeo, que fluyen como la in-

fraestructura de Manhattan. Y todos colaboran en una misteriosa danza para proteger tu vida.

- Mira a un niño a los ojos. Contempla al hijo del espíritu, el misterio nacido en esta nueva forma. ¿De dónde proviene? ¿En qué se convertirá?

- Toma una cucharadita de tierra. Contiene mil millones de bacterias, millones de hongos, centenares de miles de microartrópodos, miles de protozoos y nematodos. Hay más vida en esa cucharada que en todos los planetas juntos.

- Ve a un cementerio. Contempla la muerte.

- Entra en un portal de contactos. Contempla el deseo y el amor.

PRÁCTICA

Igual que yo

Esta práctica debe hacerse en parejas. Puedes hacerla en grupo, con una persona leyendo estas palabras en voz alta, o puedes ir a jackkornfield.com y descargar gratis (en inglés) la aplicación en la que yo te leo esto.

Siéntate frente a otra persona; puede ser una persona que conoces bien o alguien de tu oficina.

Deja que tu mirada se pose con admiración en la otra persona. Cuando puedas, mírala a los ojos. Si experimentas nerviosismo, ganas de reír o turbación, toma nota de estas sensaciones con paciencia y benevolencia, y cuando puedas sigue mirando a la otra persona a los ojos. Resulta asombroso verse realmente uno a otro en este misterio.

Mírala con profundidad, observa la conciencia detrás de esos ojos.

Contempla cada frase cuando la oigas:

Esta persona está encarnada en un cuerpo, viviendo su vida, igual que yo.

Esta persona fue un niño, vulnerable, igual que yo.

Esta persona ha gozado de momentos felices en su vida, igual que yo.

Esta persona es creativa, igual que yo.

Esta persona ha querido a alguien, igual que yo.

Esta persona conoce el desengaño amoroso, igual que yo.

Esta persona se ha sentido herida y decepcionada, igual que yo.

Esta persona se ha sentido confundida por la vida, igual que yo.

Esta persona ha ayudado a otros, igual que yo.

Esta persona será joven y vieja, amiga y enemiga, igual que yo.

Esta persona conoce el dolor físico, igual que yo.

Esta persona se arrepiente de cosas, igual que yo.

Esta persona desea ser amada, igual que yo.

Esta persona quiere sentirse segura y estar sana, igual que yo.

Mira profundamente. Detrás de estos ojos está el espíritu original, innato en todos nosotros.

Imagina los momentos más felices de esta persona, riendo de niño, jugando, disfrutando.

Sé que el hijo del espíritu permanece en ti, igual que yo.

Deseo que seas feliz y que tu felicidad aumente, porque sé que deseas ser feliz, igual que yo.

Deseo que goces de fuerza y apoyo en tu vida para hacer lo que más te convenga y ofrezcas tus dones a ti mismo y al mundo, igual que yo.

Te deseo bendiciones, coraje, amor y compasión, porque eres un ser humano valioso, igual que yo.

15

La alegría de estar vivo

*De vez en cuando conviene dejar de perseguir la felicidad
y sentirte, simplemente, feliz.*

GUILLAUME APOLLINAIRE

Cuando su hijo Pete fue asesinado, Yolanda se despertaba cada noche llorando, atrapada en una prisión de sufrimiento y pesar. El primer aniversario de su muerte, Yolanda encendió una vela antes de acostarse. Cuando empezó a quedarse dormida, Pete se le apareció en una visión. Relucía como un espíritu luminoso. «Mamá —dijo—, no quiero verte así, viviendo con esta congoja. Te quiero mucho, pero había llegado mi hora. Es algo sobre lo que no puedes hacer nada al respecto. Por favor, mamá, vive de nuevo. Yo estaré contigo.»

Yolanda lloró con una sensación de liberación y alivio, y su dolorido corazón se suavizó. Permaneció despierta varias horas, más tranquila, pensando en Pete, en su propia vida y en los buenos años que habían compartido, dejando que el luminoso mensaje de su hijo penetrara en ella una y otra vez. Por la mañana, se despertó renovada. La vida le parecía de nuevo valiosa. «Decidí comenzar de nuevo. Ahora llevo el espíritu de Pete en mí. Trabajo, me ocupo del jardín, viajo y cuido de mi familia y de otras personas con alegría. La gente se siente ahora a gusto conmigo, pues comprueban que siempre puedes comenzar de nuevo.»

Feliz sin motivo aparente

Ryokan, el admirado poeta zen japonés, era conocido por ser un hombre modesto y sabio. Al igual que san Francisco, amaba las cosas simples, los niños y la naturaleza. En sus poemas escribía sin tapujos sobre sus lágrimas y su soledad en las largas noches de invierno, sobre la alegría que inundaba su corazón cuando contemplaba las flores primaverales, sobre sus pérdidas y aflicciones, sobre la profunda confianza que había aprendido a experimentar. Sus emociones fluían de forma espontánea, como las estaciones. Cuando las personas le preguntaban sobre la iluminación, les ofrecía té. Cuando iba a la aldea a pedir limosna y ofrecer sus enseñanzas, solía terminar jugando con los niños. Su felicidad provenía de una profunda paz consigo mismo.

> *Hoy he terminado de pedir limosna.*
> *Al llegar a la encrucijada*
> *paso junto al altar del Buda,*
> *mientras hablo con unos niños.*
> *El año pasado era un estúpido monje,*
> *¡este año no ha habido ningún cambio!*

Somos humanos, ni más ni menos. Cuando aceptamos nuestra humanidad se produce una asombrosa transformación. La ternura y la sabiduría se revelan de modo natural. Si antes queríamos ejercer la fuerza sobre otros, ahora la fuerza auténtica es la nuestra. Si antes queríamos defendernos, ahora podemos reírnos. Cuando aceptamos nuestra vulnerabilidad y nuestras necesidades, experimentamos un coraje que había permanecido oculto. La felicidad y el amor aparecen con naturalidad cuando dejamos de fingir, de aparentar lo que no somos, lo que creemos que deberíamos ser. La alegría borbotea como el agua de una fuente y se extiende por todo nuestro ser.

Brincar de alegría

El dalái lama, un icono mundial, tiene decenas de miles de seguidores que asisten a sus conferencias. Sí, acuden para oír sus profundas enseñanzas tibetanas y apoyar sus iniciativas no violentas, compasivas, destinadas a superar la pérdida de libertad y cultura que padece su país. Pero creo que ante todo van para oírle reír. Quieren ver su sonrisa espontánea y oír su encantadora risa, que hace que las lágrimas afloren a sus ojos y a los de los demás.

Cuando el dalái lama ofreció las solemnes enseñanzas de la *kalachakra* en el Madison Square Garden, sus anfitriones habían colocado un colchón sobre su «trono», debajo de una cubierta de brocado y una hermosa alfombra tibetana, para que estuviera cómodo. Cuando subió la escalera de la plataforma y se sentó en el trono entre el sonido del gong y resonantes cantos tibetanos, botó un par de veces. Sorprendido, sonrió y botó de nuevo, una y otra vez. El gran hombre que se disponía a impartir las más importantes enseñanzas tibetanas sobre la creación del cosmos y la liberación del tiempo, sentado en un trono ante miles de personas, brincaba como un niño. ¿Cómo es posible que un hombre que ha asistido a tanto sufrimiento se sienta tan alegre? «Nos han arrebatado los textos sagrados de nuestros templos, han encarcelado a nuestros monjes, han despojado a los tibetanos de casi todo —dice—. ¿Por qué voy a dejarles que me arrebaten también mi felicidad?»

La psicología budista nos anima a desarrollar las mejores capacidades de bienestar humano. Describe docenas de tipos de alegría y felicidad, incluida la alegría risueña, la alegría emocionada, la alegría que flota, la alegría llena de luz, la alegría intensa y estremecida, la alegría en la belleza del mundo, la felicidad profunda y silenciosa, la felicidad corporal, la felicidad del bienestar mental y la inquebrantable felicidad del corazón. El Buda ordenó a sus estudiantes que buscaran la felicidad en todas partes.

Vivid en alegría, en amor,
incluso entre quienes odian.
Vivid en alegría, en salud,
incluso entre los afligidos.
Vivid en alegría, en paz,
incluso entre los aquejados por problemas.
Libres de temor y apego a lo material,
gozad de la dulce felicidad del Sendero.

Incluso en este mundo problemático, no dejes de reírte, de amar, de disfrutar de ti mismo y de los demás. Has nacido con la alegría de vivir, el gran corazón de la vida que desea celebrarlo. Confía en ello.

Gratitud

Cuando tenía ocho años, me diagnosticaron poliomielitis y me trasladaron al hospital de Saint Louis University Medical School, donde mi padre impartía clase. Tenía mucha fiebre y estaba parcialmente paralizado. El viejo edificio de madera del hospital crujía, por las noches estaba oscuro y me daba miedo estar allí, con fiebre, sin poderme mover. Recuerdo el dolor que me producían las punciones lumbares, que me administraban con unas agujas enormes, sin anestesia. Frente a mi ventana veía un pequeño césped, y ansiaba escapar.

De improviso, al cabo de unas semanas los síntomas desaparecieron. Sentí una alegría inmensa. Recuerdo que me llevaron a casa en coche. En cuando pude, me dirigí andando al pequeño parque que había a unos metros de donde vivía, donde me revolqué en la hierba como un perro y me puse a bailar y brincar. Me sentía feliz de poder volver a caminar, de poder moverme. Estaba lleno de gratitud. Sentía la alegría de vivir, de ser feliz, allí mismo, donde estaba.

Todos sufrimos contratiempos, pero ¿cómo los afrontamos? Cada nuevo estadio en la vida plantea esta pregunta. Cuando mi largo matrimonio terminó, me sentí desconsolado y desmoralizado. Abandoné una casa maravillosa y me instalé en mi cabaña de escritor de una sola habitación, convencido de que mi vida, a punto de cumplir los sesenta y cinco años, había llegado prácticamente a su fin. El hecho de redactar un nuevo testamento puso de relieve que el fin estaba cercano. Aunque seguía dando clases y escribiendo, no sabía qué hacer.

Medité, hice sitio y esperé. Después de una época de profunda soledad, pensé en salir de nuevo con mujeres, pero la perspectiva se me antojaba extraña y angustiosa. No obstante, salí unas cuantas veces con amigas. Durante todo este tiempo había seguido dando clase con mis colegas, y una de mis favoritas era Trudy Goodman. Cuando trabajábamos juntos gozábamos de una cómoda y agradable colaboración. La profundidad espiritual de Trudy y su optimismo eran la medicina que yo necesitaba. Conversamos mucho, y nuestra conexión se hizo más íntima y divertida.

Poco a poco recordé que nunca es tarde para empezar de nuevo. De modo que Trudy y yo empezamos a pasar muchos ratos juntos.

Poco a poco decidí soltar lastre y comenzar de nuevo. Esto marcó el inicio de una nueva vida para mí. Empezamos a viajar juntos, a dar clases, y nos enamoramos. Dado que Trudy tiene uno de los espíritus más alegres que jamás he conocido, me sentí atraído por su alegría. Se ríe con facilidad, siempre está dispuesta a emprender una aventura y muestra entusiasmo por casi todo. Nos reímos de lo maravilloso que es estar juntos y hace poco nos casamos, a nuestros más de setenta años, agradecidos del tiempo que aún nos queda para estar juntos. Recuperé la alegría. Tú también puedes recuperarla.

Debra Chamberlin-Taylor, una amiga y colega, comparte la historia de una activista de la comunidad que participó en el programa que ella imparte, de un año de duración, para mujeres negras. Durante su infancia, esta mujer había experimentado pobreza, traumas y malos tratos. Había sufrido la pérdida de su madre, enfermedades, un temprano divorcio de un doloroso matrimonio y racismo mientras criaba sola a sus dos hijos. Relató al grupo sus esfuerzos por ampliar sus estudios y defender aquello en lo que creía; contó que en los años que habían pasado desde que se había graduado de la Universidad de Berkeley se había convertido en una voz importante para las víctimas de malos tratos y quienes no están representados por la política de ámbito local o nacional. Durante la última reunión del grupo, declaró: «Después de los problemas y dificultades que he pasado, he decidido hacer algo realmente radical. ¡Voy a ser feliz!»

Corazón puro

Jasper fue diagnosticado como un niño con síndrome de Down. En su caso, según sus padres, era más bien el síndrome de «arriba»[1]. Cada mañana, cuando se despertaba, entraba corriendo en el dormitorio de sus padres y saltaba sobre ellos exclamando con entusiasmo: «¡Feliz mañana!» El niño acoge al mundo entero ofreciendo su corazón y abraza a todas las personas que puede. Decían que era un niño «retrasado». Los padres de niños con un síndrome semejante advirtieron a los de Jasper que contuvieran su afán de abrazar a todo el mundo para

---

1. Se trata de un juego de palabras, pues *down* en inglés significa «abajo». *(N de la T.)*

no atraer a personas que abusan sexualmente de niños. Pero los padres de Jasper no estaban de acuerdo, pues sabían que la naturaleza afectuosa del niño era su don.

Un día, cuando Jasper y sus padres caminaban por la calle, el niño se adelantó un trecho. Iba a cumplir doce años, pero era muy menudo. Un hombre con cara de pocos amigos, cubierto de tatuajes y *piercings*, se dirigió hacia ellos y la madre de Jasper se temió lo peor. Pero era demasiado tarde. Jasper alzó la cabeza, sonrió y se abrazó a las piernas del hombre, diciendo «¡hola!» El tipo fornido se detuvo y le acarició el pelo, tras lo cual la madre de Jasper observó que en el rostro del hombre de aspecto agresivo se dibujaba una dulce sonrisa. Jasper había obrado de nuevo su magia.

Puedes reaprender a ser feliz y volver a estar en contacto con tu corazón puro. Aunque estés en medio de un problema —un imprevisto en el trabajo, un pariente hospitalizado o un compromiso urgente—, detente un momento para respirar, calmarte y tocar tu corazón. Crea espacio para tu respuesta más benevolente, más natural, en lugar del temor y la tensión que a menudo controlan la mente.

La neurociencia explica el motivo de que esto requiera práctica. Tu mente está condicionada para reaccionar de forma negativa; la evolución te predispone a buscar peligros, detectar posibles amenazas y protegerte. Por suerte, la felicidad también es innata. Pero para encarnarla como es debido debes acostumbrarte a recrearte en los momentos de bienestar y alegría, invitarlos, potenciarlos y aprender a gozar de ellos. Como explica el poeta Rumi: «Cuando entras en un jardín, ¿miras las espinas o las flores? Dedica más tiempo a las rosas y los jazmines». Hay una práctica maravillosa encaminada a cultivar la alegría. Como las prácticas de amor y compasión, para cultivar la alegría debes utilizar frases sinceras que expresen tus mejores intenciones. Empieza por pensar en alguien a quien estimas, alguien a quien deseas lo mejor. Imagina sus momentos más felices cuando era muy joven, su innato y hermoso espíritu. Siente la alegría natural que te inspira su bienestar, felicidad y éxito. Con cada inspiración y espiración, ofrécele tus deseos más sinceros de bienestar:

Deseo que seas feliz.
Deseo que tu felicidad aumente.
Deseo que nada te separe de tu gran felicidad.
Deseo que tu fortuna y las causas de tu alegría y felicidad aumenten.

Siente la benevolente alegría y el afecto en cada frase. Cuando sientas la alegría que te inspira este ser querido, amplía la práctica a otra persona que estimas. Recita las mismas frases sencillas que expresan las intenciones de tu corazón.

Luego amplía poco a poco la meditación para incluir a otros seres queridos y benefactores. Cuando la alegría que te inspiran se intensifique, inclúyete a ti mismo. Deja que la sensación de alegría llene tu cuerpo y tu mente. Sigue repitiendo las intenciones de felicidad una y otra vez, pese a la resistencia y las dificultades que puedan presentarse, hasta que te sientas estabilizado en la alegría. Luego puedes incluir a otros amigos, seres queridos, personas neutrales, personas conflictivas e incluso enemigos, hasta que extiendas tu benevolente alegría a todos los seres en todas partes, jóvenes y ancianos, cercanos y lejanos.

Practica recrearte en la felicidad hasta que el esfuerzo de practicarlo se disipe y las intenciones de felicidad se mezclen con la alegría natural de tu juicioso corazón.

Mereces ser feliz

Quizá temas ser feliz porque de alguna manera piensas que no lo mereces. Eres leal a tu sufrimiento. Sí, debes afrontar tu sufrimiento y el sufrimiento del mundo honrándolo. Si has pasado la noche en vela junto a un niño enfermo, has sufrido un accidente o tienes serios problemas, acepta tu sufrimiento con ternura, responde con una acción compasiva, llora, remedia lo que sea posible. Pero el sufrimiento no es el fin de la historia.

He visto a niños huérfanos en deprimentes campos de refugiados jugar alegremente con coches de carreras hechos con ramas y botes de leche evaporada, con sus espíritus intactos. He visto a Maha Ghosananda, que perdió tanto en la tragedia de los campos de exterminio en Camboya, sonreír con amor, sin dejar que la tragedia aniquilara su espíritu. André Gide, ganador del Premio Nobel de Literatura, escribió: «La alegría es más rara, más difícil y más bella que la tristeza. Cuando hagas este importante descubrimiento, abraza la alegría como una obligación moral».

Pero ¿y el sufrimiento del mundo? ¿Cómo podemos sentirnos felices frente a tanto dolor? En «A Brief for the Defense», el poeta Jack Gilbert responde:

Dolor por doquier. Matanzas por doquier. Cuando unos bebés
*   no se mueren de hambre en alguna parte,*
se mueren de hambre en otro lugar. Con la nariz llena de moscas.
Pero nosotros gozamos de nuestra vida porque es lo que desea Dios.
De lo contrario, las mañanas antes del amanecer estival
no serían tan espléndidas. El tigre de Bengala no sería un prodigio
de la naturaleza. Las pobres mujeres en la fuente ríen entre
el sufrimiento que han conocido y el terrible
*   futuro que les aguarda, sonriendo y riendo, mientras en la aldea una*
*   persona*
yace enferma de muerte en la cama.
Si negamos nuestra felicidad, si nos resistimos a nuestra satisfacción,
*   si minimizamos la importancia de privarnos de ellas,*
ponemos en peligro nuestro deleite. Podemos renunciar al placer,
pero no al deleite. No al disfrute. Debemos

aceptar con obstinación nuestra felicidad en el implacable
horno de este mundo. Prestar
atención sólo a las injusticias es alabar al diablo.
Si la locomotora del Señor nos atropella,
debemos dar gracias de que el final tuviera magnitud.
Debemos reconocer que la música sonará a pesar de todo.

Cuando eres leal a tu sufrimiento, atrapado en tu dolor y tu trauma, experimentas una sensación familiar de identidad, sentido y propósito. Quizá no te reconozcas sin tu sufrimiento. Pero cuando liberas tu sufrimiento se convierte en tu puerta de acceso a la dignidad, la compasión y una libertad más profunda. Eres más grande que tus heridas.

¡De maravilla!

Aunque todos deseamos ser felices, a menudo no sabemos cómo. Incluso acciones autodestructivas como la adicción, la violencia o el suicidio pueden ser intentos equivocados de reducir el dolor. La felicidad te invita a mirar más allá de tu dolorosa historia. Siente la brisa cuando sales de casa. Alison Luterman te lo recomienda: «Observa cómo el sol cubre tu rostro con un suave fular, las rosas se abren ante tus ojos y la lluvia comparte su divina melancolía. El mundo entero te susurra al oído o te grita, mordisqueándote la oreja como un amante que se siente desatendido».

A veces, cuando necesitas ayuda, captas el espíritu de felicidad de otra persona. Martina era médica y la administradora del hospital de una Facultad de Medicina. Su trabajo la llevaba con frecuencia a la cafetería, donde había conocido a Annabelle, una mujer haitiana que trabajaba en la cocina. Annabelle llevaba trabajando allí veinticinco años y ahora, a sus sesenta y tantos, mantenía a siete nietos. Menuda y fuerte, había vivido años de vicisitudes y pérdida, pero cada vez que Martina le preguntaba cómo estaba, Annabelle respondía sonriendo y no se limitaba a decir «bien», «muy bien» o incluso «perfectamente», sino «*¡de maravilla!*» Era una respuesta audaz pero cierta. Su sinceridad era palpable. En la humilde cocina de la cafetería, la voz de Annabelle se convirtió en una campana de mindfulness que transforma el mundo. En los momentos de frustración o cuando sentía lástima de sí misma, se decía: «*¡Todo va de maravilla!*»

La felicidad te pertenece por derecho propio. Naces radiante, hijo de la Tierra, inocente, abierto y maravillado. Como dice Emerson, llegamos «arrastrando nubes de gloria». Luego te encuentras encarnado y vulnerable y experimentas, de modo inevitable, todo el placer y el dolor de la vida. Transitar por este terreno constituye el reto y la bendición de la vida humana.

La felicidad más intensa también está a tu alcance, una fuente más allá de tu temor. Fluye del río creativo del misterio de la vida. Es por esto por lo que viudas de noventa años cuidan de las flores primaverales en sus jardines y niños de diez años que apenas tienen qué comer cuidan de gatitos callejeros. Es por esto por lo que pintores que se quedan ciegos pintan con más afán, que compositores que se quedan sordos escriben exquisitas sinfonías. Cuando te entregas a la vida, el río de la vida fluye a través de ti y se renueva.

Está en tus manos

En última instancia, puedes ser feliz en cualquier circunstancia. A veces lo recuerdas por la sonrisa de Annabelle, otras apreciando lo que tienes. Cuando tu pequeño sentido del yo se siente vulnerable y traumatizado y amenazado por la vida, vive temeroso, contraído. Sí, estás sometida a las vicisitudes de la vida, pero a menudo las experiencias más terribles no son tan devastadoras como habías imaginado. Puedes comenzar de nuevo, aquí y ahora. Deja que la mente se sosiegue y el misterio de la vida ofrezca sus dones. Esta felicidad nace allá donde estás.

A. Dioxides escribe sobre las lecciones de vida que aprendió de un anciano en una taberna ateniense:

Noche tras noche, el anciano se sentaba solo en la misma mesa, bebía vino con los mismos gestos precisos. Por fin, un día le pregunté por qué lo hacía y respondió: «Joven, primero observo el vaso para complacer a mis ojos, luego lo tomo con la mano para complacer a mi mano. Luego lo acerco a mi nariz para complacer a mi nariz, y cuando me dispongo a llevármelo a los labios, oigo una vocecilla en mis oídos que dice: «¿Y yo?» De modo que doy un golpecito con el vaso en la mesa antes de beber. Así complazco a todos mis sentidos. De este modo, cuando actúo, lo hago con todo mi ser.

Cuando tu atención benevolente crece, te ocupas de ti mismo y del mundo con más esmero, promoviendo la alegría y el bienestar. Una amiga, una de las escritoras norteamericanas más importantes, me dio una lección sobre el hecho de cuidar de uno mismo. El día en que debía dar una charla en un acto benéfico para una organización sin ánimo de lucro muy apreciada, se sintió indispuesta, con fiebre, pues había contraído un fuerte virus. No obstante acudió al acto, donde leyó e impartió sus enseñanzas durante buena parte del día, tras lo cual regresó a casa. Más tarde me explicó que tenía que cuidar de sí misma porque nadie podía hacerlo por ella. Aunque los asistentes se habían mostrado muy comprensivos, mi amiga estaba convencida de que cuando regresaran a casa comentarían que les había chocado ver a esta escritora de fama mundial dar una charla estando indispuesta. Sí, habían mostrado interés y afecto hacia ella. «Pero si me hubiera muerto allí, la gente hubiera regresado a su casa diciendo: "¡Yo estaba presente cuando murió!"»

Nadie puede cuidar de tu vida por ti. Está en tus manos y tu corazón. La vida siempre te invita y requiere que busques tu camino.

La directora de un colegio que vivía en el barrio Tenderloin de San Francisco tenía la costumbre de preparar bocadillos para la gente «sin techo». Durante varias horas al día, después de clase, cuando no estaba muy cansada, preparaba los bocadillos para los indigentes. Luego bajaba y los distribuía en las calles. No le importaba que le dieran las gracias o que en ocasiones rechazaran la comida que les ofrecía. Lo hacía porque creía que debía hacerlo. Al cabo de un tiempo, los medios de comunicación locales se enteraron de lo que hacía esta mujer y se convirtió en una pequeña celebridad en el barrio. Otras profesoras y colegas, inspiradas por su labor, le enviaron dinero para colaborar en su tarea. Pero, curiosamente, todos recibieron el dinero de vuelta con una breve nota que decía: «Preparad vosotras mismas los dichosos bocadillos».

Avanzar por la vida con gratitud

A Ben Franklin le gustaba reflexionar todos los días sobre la felicidad que experimentaba practicando la temperancia, el silencio, el orden y otras virtudes que valoraba. *Naikan,* una práctica japonesa de autoanálisis, recomienda que revises tu vida y avances por ella con gratitud. Cuando Aung Sang Suu Kyi fue puesta en libertad después de diecisiete años de arresto domiciliario, me alegré por ella tanto como cuando me dieron el alta del hospital en Saint Louis. Cuando salió de su casa, libre, su dignidad, elegancia y belleza eran palpables. Demostró una generosidad, un buen corazón y una lucidez mental increíbles. Suu Kyi daba la impresión de sentirse eufórica y muy presente, como si acabara de abandonar un largo retiro, como así era.

Imagina que recibes una llamada telefónica de tu médico: «Sus pruebas no tienen buen aspecto. Convendría que se pasara por aquí para que hablemos de ello». Tu mente se dispara: el diagnóstico es malo. Pero luego resulta que se habían equivocado y no tienes nada grave. «Gracias, Dios mío —exclamas—. Me has devuelto la vida, es maravilloso estar vivo.» Eso es gratitud. Eso es felicidad. Eso es conciencia plena, conciencia benevolente: poder caminar, respirar, estar vivo, agradecido por la hermosa y disparatada danza de tu vida. La gratitud no depende sólo de lo que tienes. Depende de tu corazón. Puedes incluso sentir gratitud por tu dolor, por las cartas que te han dado. Incluso tus problemas y tu sufrimiento están rodeados de misterio. A veces es a través de las pruebas más duras como tu corazón aprende las lecciones más importantes.

La libertad y la alegría no son tediosos deberes que nos obligan a retirarnos de la vida. Son la innata maravilla del espíritu, las bendiciones de gratitud, las oraciones de reconocimiento por el hecho de estar vivo. Son el corazón libre que se deleita con el sol matutino, la resistente hierba y el aliento que los vientos transportan sobre las montañas. El mundo es un templo, un santuario, bañado incluso de noche por la prodigiosa luz del mar de estrellas que nunca cesan de brillar sobre nosotros. Cada encuentro de unos ojos, cada roble que echa hojas, cada vez que saboreamos unas frambuesas o un pan recién horneado es una bendición. Son las notas sagradas de la sinfonía de la vida, la invitación a descubrir la libertad, la gozosa magnificencia de un corazón libre y benevolente. Son tuyas y de todos para compartir con los demás.

Agradecimientos
y reverencias de gratitud

Para Trudy Goodman, amada esposa, compañera y colega, que llena mi vida de alegría y amor.

Para Arnie Kotler, amigo, mago y editor, que tomó este manuscrito e hizo que cantara.

Para Leslie Meredith, magnífica editora y amiga, que gestiona con paciencia y fidelidad mis libros y mi trabajo.

Para Sara Sparling, mi eficaz, encantadora y fiel asistente, que me ha ayudado con buena parte de estas páginas.

Para unos hombres especiales, Wes Nisker, Phillip Moffitt, Stan Grof y Michael Meade.

Para mi increíble círculo de colegas, de quienes he aprendido tanto.

Para mis maestros, Ajahn Chah, Mahasi Sayadaw, Sri Nisargadatta, Ajahn Buddhadasa, Ram Dass, Kalu Rinpoche, Seung Sahn, Hameed Alí y muchos otros.

Para Caroline, que sirve al prójimo de maravilla, la hija más sabia y encantadora.

Para todos mis hermanos.

Fuentes

La historia de Dante y Beatriz procede de *Inner Gold: Understanding Psychological Projection*, de Robert A. Johnson. Copyright 2008 Koa Books y Robert A. Johnson. Utilizado con permiso de Koa Books, una división de Chiron Publications.

De *Mortal Lessons: Notes on the Art of Surgery*, de Richard Selzer. Copyright 1974, 1975, 1976, 1987 Richard Selzer. Utilizado con permiso de Georges Borchardt, Inc. en nombre del autor.

De *Walking Words*, de Eduardo Galeano, traducido por Mark Fried. Copyright 1993 Eduardo Galeano. Copyright de la traducción 1995 Mark Fried. Utilizado con permiso del autor y W. W. Norton & Company, Inc. Publicado por primera vez en español en 1993 por Siglo XXI Editores, México. Con permiso de Susan Bergholz Literary Services, Nueva York, NY, y Lamy, NM. Todos los derechos reservados.

De «The Optimism of Uncertainty», de Howard Zinn. Utilizado con permiso de The Ward & Balkin Agency, Inc.

De «Sanctuary» de *Kitchen Table Wisdom. Stories that Heal*, de Rachel Naomi Remen, doctora en Medicina, copyright 1996 Rachel Naomi Remen. Utilizado con permiso de Riverhead, un sello de Penguin Publishing Group, una división de Penguin Random House, L. L. C.

De un ensayo de David Armitage procedente de «The Backyard», de la sección «Los lectores escriben», *Sun Magazine*, mayo de 2016.

Sobre el autor

Jack Kornfield se formó como monje budista en los monasterios de Tailandia, la India y Birmania. Ha impartido clases de meditación en todo el mundo desde 1974 y es uno de los maestros más destacados que introdujeron la práctica budista de mindfulness en Occidente. Después de graduarse en Dartmouth College en estudios asiáticos en 1967, se unió al Cuerpo de Paz y trabajó en equipos de medicina tropical en el valle del Mekong. Estudió como monje budista con el venerable Ajahn Chah, maestro budista, y con el venerable Mahasi Sayadaw de Birmania. A su regreso a Estados Unidos, cofundó la Insight Meditation Society en Bare, Massachusetts, con Sharon Salzberg y Joseph Goldstein, y más tarde el Spirit Rock Center en Woodacre, California. A lo largo de los años, Jack ha impartido sus enseñanzas en centros y universidades de todo el mundo, ha dirigido foros de maestros budistas internacionales y ha trabajado con muchos de los grandes maestros espirituales de nuestra época. Está licenciado en Psicología Clínica y es padre, esposo y activista.

Sus libros han sido traducidos a veintidós idiomas y se han vendido más de un millón de copias. Entre ellos cabe destacar *La sabiduría del corazón*; *Camino con corazón*; *Después del éxtasis, la colada*; *Enseñanzas escogidas del Buda*; *Vipassana: el camino para la meditación interior*; *Living Dharma*; *A Still Forest Pool*; *Soul Food*; *Buddha's Little Instruction Book*; *The Art of Forgiveness, Lovingkindness and Peace* y su libro más reciente, *Bringing Home the Dharma: Awakening Right Where You Are*.